SHUREI NO HIKARI

「守礼の光」が見た琉球

― 写真が語る ―

米軍統治下のプロパガンダ誌は
沖縄をどう描こうとしたか

ボーダーインク編集部 ◉ 編
監修 ◉ 古波藏契

ボーダーインク

守礼の光 SHUREI NO HIKARI
創刊号 1959

守礼の光 SHUREI NO HIKARI
2月号 1959

守礼の光 SHUREI NO HIKARI
5月号 1959

守礼の光 SHUREI NO HIKARI
7月号 1959

守礼の光 SHUREI NO HIKARI
8月号 1959

守礼の光 SHUREI NO HIKARI
9月号 1959

守礼の光 SHUREI NO HIKARI
11月号 1959

守礼の光 SHUREI NO HIKARI
5月号 1960

守礼の光 SHUREI NO HIKARI
9月号 1960

守礼の光 SHUREI NO HIKARI
1月号 1961

守礼の光 SHUREI NO HIKARI
7月号 1961

守礼の光 SHUREI NO HIKARI
8月号 1961

守礼の光 SHUREI NO HIKARI
9月号 1961

守礼の光 SHUREI NO HIKARI
12月号 1961

守礼の光 SHUREI NO HIKARI
2月号 1962

守礼の光 SHUREI NO HIKARI
4月号 1962

守礼の光 SHUREI NO HIKARI
9月号 1962

守礼の光 SHUREI NO HIKARI
7月号 1962

守礼の光 SHUREI NO HIKARI
12月号 1962

守礼の光 SHUREI NO HIKARI
5月号 1963

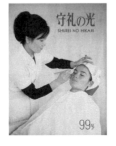

『守礼の光』表紙（バックナンバーの一部を抜粋）　　　3

はじめに ─ 監修によせて　　古波藏 契

『守礼の光』とは何か

月刊誌『守礼の光』は、アメリカ統治時代の沖縄で出回っていた。しかし、ただの雑誌ではない。沖縄の住民に〝琉米親善〟の精神を吹き込むことを目的として、米軍の心理作戦部隊が制作した一般大衆向けプロパガンダだ。1959年から1972年にかけて発行され、最盛期には世帯数の約半分にあたる9万部以上が無償配布された。これは地元の二大日刊紙である『沖縄タイムス』と『琉球新報』それぞれの発行部数に匹敵する。

ただし、発行部数が多いからと言って影響力が大きいわけではない。その誌面は、どうひいき目に見ても中立的なメディアではなく、実際の閲覧率は知識人向けの姉妹誌『今日の琉球』（1957-1970年）と合わせても、せいぜい1％程度に過ぎなかったとされる。住民のなかにはアメリカ統治に対する抵抗の意味を込めて、密かに廃棄してしまう者もいたという。

『守礼の光』は、プロパガンダ誌という性格上、為政者の思惑を色濃く反映している。アメリカ統治下の沖縄社会は米軍と地元住民の緊張関係を中心に描かれるのが一般的だが、『守礼の光』のページをいくら繰っても、そんなギスギスした空気は感じられない。たとえば現実には、強権的な軍用地接収を引き金とする1950年代の〝島ぐるみの土地闘争〟や、1960年代に本格化する〝祖国復帰運動〟など、アメリカ統治に異議を申し立てる運動が盛んに展開されていたはずだが、これらについては口をつぐんでいる。

そのかわりに誌面の中心を占めるのは、アメリカの庇護下で順調に復興・発展を遂げる沖縄社会であり、そこに暮らす地元住民の生き生きとした姿であり、住民のことを第一に考える良き為政者の自画像だ。それはアメリカにとっての理想の沖縄統治像に過ぎない。しかし、それゆえにアメリカが何を目指していたのかを逆照射する鏡として読むことができる。

『守礼の光』以前の沖縄統治

『守礼の光』や『今日の琉球』が創刊された1950年代後半という時期は、統治方針の転換期に重なっている。方針転換を促したのは、先ほど触れた島ぐるみの土地闘争だ。これは直接的には軍用地政策の見直しを求める土地闘争だったが、それ以上に、従来の沖縄統治の限界と抜本的な統治方針の転換を迫

るものとして受けとめられた。

島ぐるみ闘争以前のアメリカ統治は行き当たりばったりで、住民の不満が表面化してくると、力で圧して抑え込むといった後手後手の対応に終始していた。いくら表面を取り繕っても、アメリカが住民福祉よりも基地機能を重視していることは明らかだった。先行きが見えない経済構造や、民主的とは程遠い労働法制、そして基地の確保や軍人の特権的な身分を保証するための歪な法体系を放置し、住民を慢性的に苛立たせていた。

しかし島ぐるみ闘争後になると、アメリカは占領者然とした態度をあらため、住民の不満と反発を生み出す社会構造自体の再編に着手するようになる。いわば抵抗運動に対して強権的な弾圧を以て臨む対症療法的な統治ではなく、住民の不満が抵抗運動のかたちを取って表面化するのを未然に抑止するという予防的な統治へと転換するのである。

〝琉米親善〟の虚像と実像

『守礼の光』の創刊は、新たな統治方針の具体化と言って良い。雑誌に通底するメッセージは、アメリカ人と沖縄人が互いの文化と価値観を理解し、手を携えることが沖縄社会の発展につながるというもので、これを標語風に言いかえたのが〝琉米親善〟だった。

もっとも、アメリカの言う〝琉米親善〟は、決して米琉間の対等な親善ではない。その内実は、無害な土着文化を礼賛しつつ、アメリカ的な価値観や生活様式の普及を目指すものだった。『守礼の光』には、読む側が恥ずかしくなるほど美化されたアメリカ社会の描写が多い。アメリカこそがあるべき社会発展の体現者なのであり、『守礼の光』が称揚する沖縄社会の〝進歩〟や〝発展〟、あるいは〝近代化〟といった言葉は、沖縄社会がアメリカ社会に近づいていくことを言いかえたものに他ならない。

反対にアメリカが最も嫌ったのは、伝統的な共同体社会特有の不合理な──少なくともアメリカにとって理解し難い──行

動原理だった。とりわけ島ぐるみ闘争が掲げた〝子々孫々のために〟、〝先祖伝来の土地を守る〟といったスローガンは、アメリカを当惑させた。アメリカにとって、土地問題は金で解決すべき経済問題でしかなかった。それが穏健な民族だと思っていた沖縄の人々の怒りに火をつけることになるとは想定していなかった。沖縄社会の近代化は、そのような危機的事態の再来を回避するための不可避の課題だった。沖縄経済の高度成長や穏健な労働組合の心得、農業経営の合理化など、『守礼の光』で扱うトピックの大半が沖縄社会と住民生活の近代化に関係するのも、そうした統治課題の反映と読める。

沖縄占領の遺産を読み解く

一般にアメリカ統治と聞くと粗暴な軍事占領を想像しがちだが、それは一面でしかない。アメリカの沖縄統治は、沖縄の社会や人間そのものをつくり変えようとする野心的なプロジェクトだ。すなわち、沖縄を伝統的な共同体社会から近代的な社会へとつくり変えるために住民の心性に働きかけ、生活様式や価値観自体を上書きすること。『守礼の光』は、そうしたプ

ロジェクトの進捗状況を克明に記録している。

アメリカが沖縄に持ち込んだ近代的価値観の中には、個人の自由や万人の平等など、今日では常識となっているものも含まれている。もちろん現実のアメリカは、自ら奨励した価値観をしばしば軽視し、その廉（かど）で批判された。だが問題は、アメリカの舌先三寸ぶりというより、近代的価値観そのものだ。それらは一見してケチのつけようのない普遍的な価値観に見えるが、全く無害というわけでもなかった。たとえば、伝統的な共同体のなかで培われてきた価値観や人間関係は、新しい価値観の前では疎ましく窮屈なものに映るだろう。社会の近代化と引き換えに、沖縄の人々は島ぐるみ闘争を可能にした諸要素を脱ぎ捨てることにもなった。

27年におよぶアメリカ統治は1972年の日本復帰によって幕を閉じたが、その遺産は今の沖縄社会に引き継がれている。復帰後半世紀を経ても決着のつかない基地問題だけではない。沖縄社会の骨格や、そこに暮らす人々の心性の上に、アメリカ統治は濃い影を落としている。その具体例については、ところどころに差し込んだコラムで扱うが、ここでは一点、基地問題に対する諦観が若年層を中心に広がっている事実に

だけ触れておこう。それは恐らく、近年の若者に特有の現象ではない。地元住民の集団的な異議申し立ての無力化は、アメリカの長年の目標だった。かつて『守礼の光』が描いた〝琉米親善〟の夢が、住民の諦めというかたちで実現しようとしているのかもしれない。

『守礼の光』が描いた沖縄像の延長線上には、今の沖縄社会がある。半世紀以上も前にアメリカが配ったプロパガンダ誌をわざわざ読み直す意味もそこにある。アメリカ統治下における近代化の経験を辿り直し、その過程で失ってきたものを点検することで、復帰後の今を相対化する。いわば占領の遺産を現代沖縄社会の鏡に仕立て直すという目論見だ。外部の要素も貪欲に取り入れてオリジナルとすることが沖縄文化の特徴ならば、本書もそうした文化実践の一例に数えることができるだろう。

グラビアを多用した豪華なつくりで、当時の暮らしを伝える魅力的な記録になっている。パラパラとめくるだけでも、それなりに楽しめるだろう。

とはいえプロパガンダ誌という性格上、それだけを見て当時の沖縄社会を想像すると現実とかけ離れたイメージになってしまう。そこで本書は、約14年分の『守礼の光』を7つのテーマに沿って抜粋・再構成し、各所に必要な注釈・コラムを加えている。特に、実際の誌面で誇張されたり、削ぎ落されたりした部分に注目し、為政者の意図を透かし見ることができるよう工夫した。

また、巻末にはブックガイドのコーナーを設け、本書の次に手に取るのに適した沖縄戦後史の入門書と、『守礼の光』について扱った研究書をリストアップしている。

なお『守礼の光』の現物は、沖縄県立図書館や沖縄県公文書館、沖縄県外なら国立国会図書館で読むことができる。

本書の使い方

『守礼の光』は雑誌としては問題含みだが、歴史資料としての価値は高い。住民生活のほぼ全領域をカバーしている上に、

SHUREI NO HIKARI
「守礼の光」が見た琉球　目次

『守礼の光』23号（1960.12）表紙イラスト

SHUREI NO HIKARI

「守礼の光」
が見た琉球

― 写真が語る ―

米軍統治下のプロパガンダ誌は
沖縄をどう描こうとしたか

ひとびとの暮らし

衣食住を取り戻し、街を再建して、日常生活を送っていく。
沖縄が米軍統治下にあった27年は、苛烈な戦災から立ち上
がって普通の暮らしを取り戻していく日々でもあった。

他方、中国における社会主義革命や朝鮮戦争の勃発など、東
アジア冷戦の構図が判然としていくなかで、沖縄の軍事的
価値は高まっていった。1952年に日本本土が米軍占領か
ら脱却して主権を回復した後も、沖縄では米軍による統治
が継続し、軍事基地化が進んだ。

基地は広大な土地を占拠する一方、住民たちに働く場所を与
え、その生活を支えた。そのかわり、枚挙にいとまがないほ
ど数多くの事件や事故を生み出した。当時世界的に非難を
浴びていた毒ガス兵器の持ち込みが明らかになるなど、住民
の安全が大きくおびやかされた激動の時代でもあった。

また台風や干ばつなどの自然災害は、離島を多く抱え、社会
資本整備がまだまだ万全ではない沖縄に多大な被害をもた
らした。『守礼の光』には、災害からの復興を支援する米軍の
姿も頻繁に登場する。

沖縄戦で多大な人命が失われたものの、その後の復興に伴
い沖縄の人口は急増した。過剰人口問題対策として、当時
は海外移民も有力な選択肢の一つだった。その他、誌面で
は、住宅問題を解決するために都市部に起きた「アパート・
ブーム」や、家電普及、繁華街の発展など、社会が活気を取り
戻す様子も紹介している。

商店の軒先に吊るされて売られているバナナ（76号、1965.5）

商店街

沖縄戦で壊滅的な被害を見せた沖縄、復興が進展するにともない街はにぎわいを取り戻していった。『守礼の光』には各地の商店街や明るくにぎわう街並み、喫茶店での談笑風景、デパートで買い物する女性たちの姿などが写真となって残されている。そして皮革製品販売店の「トカゲ皮」「蛇皮」「免税証紙付」などといった現在ではみられない表示や、小鳥の販売店の様子も懐かしい。

【左ページ】平良の下里通り（111号、1968.4）

【右ページ上左から】喫茶店、デパート（同）
【右ページ下左から】婦人服を買い求める女性、ガーブ川商店街（いずれも記事「琉球における生活水準の向上」80号、1965.9）

【上】石垣の四つ角（55号、1963.8）

【下左から】浦添の全琉皮革株式会社（102号、1967.7）、那覇市松尾の沖縄バードセンター（90号、1966.7）

宮古、下里の繁華街(111号、1968.4)

沖縄にアパート・ブーム

1964年の表題記事より。戦後18年が経ち那覇、コザ、宜野湾のような都市で人口増加とともに住宅難が深刻化、解決策として公営住宅や民営アパートの建設ラッシュが起きた。実際の室内写真や家賃、「琉球史上最大の市営住宅団地」として小禄の公営住宅の平面図などが掲載されている。また生活の豊かさの象徴として家電と電力需要を取り上げた記事もみられる。

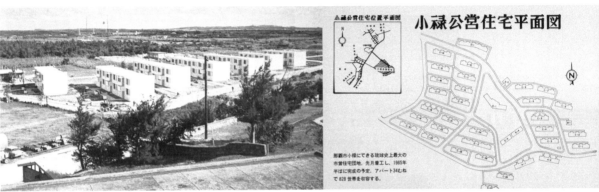

那覇市小禄にできる琉球史上最大の市営住宅団地。先月着工し、1965年半ばに完成の予定。アパート34むねで828世帯を収容する。

【左ページ上、下左】那覇市古波蔵につくられた美田荘アパートの外観と室内。当時としては近代的で、記事では琉球開発金融公庫の融資によって建てられたことが強調されている（63号、1964.4）【左ページ下右】「電気事業について」記事より（80号、1965.9）
【右ページ上段左から】若狭町の那覇市営住宅（35号、1961.12）、浦添内間の市営アパート群（142号、1970.11）
【右ページ中左から】宮古西里の市営アパート（111号、1968.4）、小禄公営住宅平面図（63号、1964.4）
【右ページ下左から】浦添伊祖の住宅街（142号、1970.11）、「琉球における生活水準の向上」記事より（80号、1965.9）、安謝の那覇市営アパート（35号、1961.12）

毒ガス移送

1969年7月、美里村の知花弾薬庫施設内で致死性神経ガス
の放出事故が発生した事故をきっかけに、沖縄の米軍基地
に1万3000トンに上る毒ガス兵器が配備されていることが
明らかになった。沖縄住民の激しい反発を経て毒ガス兵器
はジョンストン島へ移送されることになり、1970年1月13
日、知花弾薬庫から具志川市の天願桟橋までトラックで運
搬、輸送船へと積み込まれた。毒ガスの集落内の通過を沖
縄側は拒否したが米軍は強行、住民約5000人が避難するこ
ととなった。

『守礼の光』147号（1971.4）記事では1次移送が円滑迅速に
行われたと描写されるとともに、「どんな紛争にあっても敵
に対し最初に毒ガスを使用することはない」「報復手段とし
て化学兵器を使用できるように保有してきた」と、国際世論
や住民感情を意識した記述になっている。

宮古を襲ったコラ台風

1966年9月に発生した台風18号（コラ台風）は、最大瞬間風速は観測史上1位の85.3メートルを記録し、約30時間も荒れ狂った。最大の打撃を受けた宮古島では多数の家屋が倒壊し、サトウキビや家畜にも甚大な被害をこうむった。「猛台風に打ちのめされた宮古郡島」記事では写真レポートで被害の様子を伝えるとともに、米国からの救援物資（リパック物資）が宮古丸で運ばれてくる様子や、嘉手納基地でコラ台風の電送写真を見る米空軍の技術者などが取り上げられている。写真は全壊した自宅の前に座り込む下地町の男性。（94号、1966.11）

干ばつ

毎年のように水不足に悩まされてきた沖縄で、連続干天日191日という記録的干ばつで大打撃を受けたのが
1971年の八重山諸島である。「八重山住民を助ける民間活動」記事（155号、1971.12）によると、八重山群島の4つ
の離島のうち黒島では雨水タンクがカラカラ状態、竹富島では309人の住民が窮乏に陥り、井戸のない新城島と
下地島も深刻な状況であったという。米軍は近隣の西表島の「オミジャ川」にダムを造成、給水パイプを給水船
のホースとつないで真水を確保し、1週間に2、3回水の輸送を行ったと記録している。

「水資源開発の進歩」記事（67号、1964.8）には「慢性化した季節的渇水を緩和するためなるべく早く適当な水源を調査、開発し、将来の人口増加に伴う水の需要の増加に応ずる」目的で天願川や大工廻、川崎などの水源開発が行われていると記録されている。

【左ページ】1971年の八重山大干ばつ時に行われた米軍による給水（155号、1971.12）
【右ページ上】「水資源開発の進歩」記事より水を運ぶ住民（67号、1964.8）
【右ページ下】水缶を運ぶ竹富島の住民（155号、1971.12）

ピープル
トゥー
ピープル

琉米親善

ピープル・トゥー・ピープル、「琉米親善」の記事の多さが『守礼の光』で目を引く。クリスマス会の開催、ボーイスカウト・ガールスカウトでの交流や、沖縄住民の米軍家庭への体験訪問、嘉手納カーニバル、沖縄・米国の子供たちによるカーレース、綱引き、海浜の清掃活動など、枚挙にいとまがない。

上写真は、瑞慶覧アメリカンスクールで開かれた交歓会でいっしょにフォークダンスをする琉米の小学生たち（100号、1967.5）。戦後の民主化政策として米軍はレクリエーションを推奨したが、男女が手をとって踊ることは民主主義の象徴であるとして、とりわけダンスは積極的に推奨されたという。

24

通貨と金融機関

戦後の沖縄では、日本復帰までの27年の間に実に6回もの通貨交換が行われた。終戦後の沖縄は無通貨状態にあり、ほとんどの経済活動が停止していた。1946年3月、軍政府は特別布告第7号「紙幣両替、外国貿易及び金銭取引」を出し、米軍の発行する軍票B円、新発行日本銀行券、5円以上の旧日本銀行券を併用するかたちで貨幣経済が再開されるが、その後も沖縄の通貨は変更に変更を重ねる。わずか数ヶ月後の1946年7月、軍政府は特別布告11号によってB円の使用を停止して新日本円を法定通貨とし、住民の所持する一切のB円を日本円と交換する決定を下した。さらに1947年には、ふたたび沖縄全域での法定通貨をB円に統一し、日本円と旧B円は使用停止とした。この時、新B円に円の3倍の価値を与えるB円高の通貨レートが設定されたことが、本土からの建設資材や生活物資の輸入に有利に働いた。そのことが沖縄

経済の輸入依存体質につながったとも指摘されている。次いで1958年9月、今度はB円からドルへの切り替えが行われた。その背景には、世界一の交換性を備えたドルを使うことで外国資本の参入しやすい環境をつくり、沖縄経済の発展に寄与させるという狙いがあった。ドル体制は日本復帰によって円に交換されるまで続いた。琉球銀行は、米軍によって中央銀行的な役割を果たす目的で1948年に設立されたものである。沖縄銀行は1956年6月に設立、國場幸太郎（國場組創業者）、大城鎌吉（大城組創業者）、宮城仁四郎（琉球煙草、宮古製糖社長）、稲嶺一郎（琉球石油創業者）ら地元財界実力者の主導によって設立されている。その他、ドル切り替えのタイミングでは当時世界最大の民間銀行だったバンクオブアメリカも沖縄に進出し、米軍向けに営業していたアメリカンエキスプレスも民間進出を果たしている。

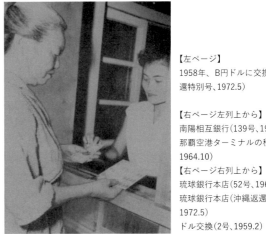

【左ページ】
1958年、B円ドルに交換（沖縄返還特別号、1972.5）

【右ページ左列上から】
南陽相互銀行（139号、1970.8）
那覇空港ターミナルの税関（69号、1964.10）

【右ページ右列上から】
琉球銀行本店（52号、1963.5）
琉球銀行本店（沖縄返還特別号、1972.5）
ドル交換（2号、1959.2）

27

人口増加と移民

1899年にハワイへ旅立った27人を皮切りに、戦前の沖縄からは県民の10人に1人が、アメリカ本土、メキシコ、フィリピン、ペルー、ブラジル、アルゼンチン、チリ、ジャワ、フィジー、南洋群島など24の国と地域へ移民していった。第一次大戦後の糖価暴落の煽りで基幹産業だった糖業が壊滅。〝ソテツ地獄〟と呼ばれる困窮状態に陥ったことで、海外移民の数も増加した。沖縄戦後の人口急増の際も琉球政府と米国民政府は海外移住によって対応しようとした。1948年に戦後初の移民がアルゼンチンとペルーへ、その後ボリビア等へも続いた。しかし戦前の主流の移民先だった日本の植民地は敗戦によって失われており、移民先での伝染病の流行などもあって戦前ほどの規模にはならなかった。『守礼の光』では、ボリビア開拓民の活躍を紹介する記事や「移民の父」当山久三の連載など、移民を肯定的に描いている。

【上】ボリビア開拓民の夫婦（113号、1968.6）
【下】「移民の父」当山久三一家（81号、1965.10）

「裸一貫からデパート王」（9号、1959.9）記事では、ハワイ移民でデパート「ARAKAWAS STORE」を経営する沖縄出身の新川善繁氏を紹介。氏は1904年にハワイへ移民して仕立て屋を始め、「パラカ」とよばれるチェック地のシャツ（アロハシャツの原型とされる）など、プランテーションで働く移民労働者向けの衣類を大々的に展開、のちに商売を拡大して、オアフ島最大のデパートを家族経営するに至った実業家であった。『守礼の光』には沖縄とハワイの共通点に言及する記事が多い。「琉球の文化的姉妹島ハワイ」（111号、1968.4）でも、先住民族の存在、大戦での戦禍、温暖な気候とそれに合ったパインやサトウキビ栽培などの共通点を列記しつつ、「ハワイは連邦中でも最も繁栄している」「一家族の平均収入は米国で最高の部類」と経済的豊かさをアピールしている。また、琉球立法院議員によるハワイ視察の記事（40号、1962.5）では、カツオ水揚げや製糖、パイン工場などを見学する議員らを紹介、「琉球の生活水準を向上させる政策の上に、やがてなんらかの形で反映してくるにちがいありません」と結んでいる。ハワイは単なる移民先ではなく、沖縄と似通った境遇を持ち、米国的価値観を身につけた、発展の"先輩"であるというアメリカの意図が透けて見える。

【上】かつてハワイ王宮だったイオラニ宮殿。「琉球の文化的姉妹島ハワイ」記事より（111号、1968.4）
【下】新川善繁氏（中央）とその家族（9号、1959.9）
【右】ハワイの漁港でカツオを手にしている琉球立法院議員。視察に行ったのは平良幸市（社大）、真栄城徳松（自民）、嘉陽宗一（自民）、当銘由憲（自民）の四氏（40号、1962.5）

働 く

『守礼の光』は、基地や工場、農場などで働く沖縄の人々の写真を多数収録している。「良き労働者」を称揚する意図を差し引いても、米軍当時の労働状況が見えて興味深い。基地で働く労働者を主な読者として想定していたこともあり、その賃金体系や待遇などについては特に手厚く紹介している。

洗剤工場

1967年、宮城仁四郎氏が浦添の勢理客につくった「沖縄合成洗剤」の工場風景。琉球開発金融公社の資金を利用して設立されたといい、沖縄の硬水に合わせた洗剤「ニュースター」を新開発、自動化された近代的な工場でつくられた製品は米軍カミサリー（補給部隊）でも評判であると記されている。134号（1970.3）より。

ドライバー

物・人ともに輸送の乏しい時代において
ドライバーは花形職業のひとつだった。
終戦直後は食糧や復興物資の輸送という
重要な役割を担い、軍作業では、港湾の物
資輸送のかたわらで物資の横流し、いわ
ゆる「戦果挙げ」ができることもあって人
気の職だったという。

一方で自動車やオート三輪の購入者が増
えるにつれ交通死亡事故が多発したこと
から、1950年に「自動車を運転する者は
琉球政府から運転免許を受けなければな
らない」との法律ができ、各地で自動車
運転教習所が誕生、多くの人が教習を受
けるようになった。当時は免許受験者の
69％が不合格だったという（「タンメー
も学ぶ学校」記事、41号、1962.6より）。ち
なみに米軍で働くドライバーは軍の免許
が必要だった。

【上】民間トラックドライバー（21号、1960.9）
【下左から】自動車教習所での教習の様子
（41号、1962.6）、軍用車へ給油するドライ
バー（142号、1970.11）

那覇自由貿易地域

1959年、米軍は沖縄に自由貿易地域を設置した。完成品の再輸出を前提に、部品の輸入関税を免除する特別区域だ。扱った品物はトランジスタラジオやカメラ、テープレコーダーなど。野球用グローブも健闘した。輸出振興による貿易赤字の改善が期待されたが、香港や台湾などアジアのライバルに太刀打ちできず衰退していった。

【左】ペトリカメラの組み立て【右列上から】グローブの組み立て作業、自由貿易地域で組み立てられたトランジスタラジオ（いずれも82号、1965.11）

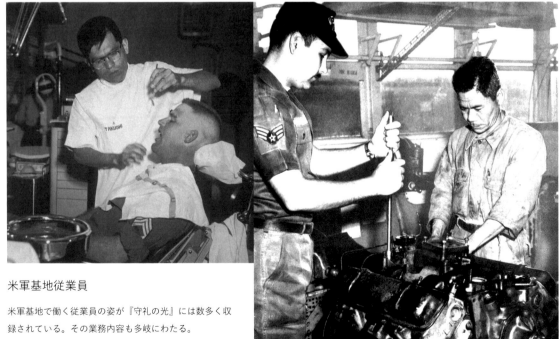

米軍基地従業員

米軍基地で働く従業員の姿が『守礼の光』には数多く収録されている。その業務内容も多岐にわたる。

【上右から】戦争で隻腕になった軍作業員（1号、1959.1）、基地内スーパー従業員（86号、1966.3）
【下左から】歯科診療隊の歯科衛生士（115号、1968.8）、整備を行う沖縄人従業員（100号、1967.5）

【上】軍用ラジオ・テレビ用アンテナ塔の整備をする米軍通信部隊の沖縄従業員（125号、1969.6）
【下左から】クリーニングとアイロンの業務を行う従業員（126号、1969.7）、空軍人事部でニューズレターを打つ従業員
（11号、1959.11）、PXのレコード店員（36号、1962.1）

労働組合と米軍

記事「米軍従業員の代弁者」(86号、1966.3)より全軍労（全駐留軍労働組合）のリーダーたち。左から中島裕副委員長、吉田勇副委員長、上原康助委員長、友寄信助書記長。

米軍は沖縄の労働者の地位改善・権利保護の面で労働組合の役割を評価していたが、その活動が軍事基地の運用を阻害しないように手綱を握り続けた。記事内でも高等弁務官ブースの「わたしは軍雇用員の組合結成を心から支持するものでありますが、労働組合とは名目だけにしかすぎない政治団体を軍雇用員の間に結成することは歓迎できませんし、したがってこのような団体を組合として認可するつもりもありません」の言葉を紹介し、組合活動が米軍の許容範囲を逸脱しないよう牽制する様子がみられる。

コラム①

米軍と〝勤勉な労働者〟

『守礼の光』には、勤勉に仕事に取り組む労働者が数多く登場する。一見して客観的な職場紹介のように見えるが、アメリカの理想が投影されたプロパガンダでもあった。そのことを明確にするために、アメリカにとって最悪の労働者イメージを考えてみよう。それは〝路上で暴れる労働者〟。つまり自らの苦境をアメリカ統治の矛盾に結びつけ、現状打開のために行動する戦闘的な労働組合に組織された労働者だ。

労働組合はアメリカ統治に対する最も批判的な勢力の一つであり、熱心な復帰運動の担い手だった。それは当時の集会を撮った写真を見れば誰の目にも明らかだ。そこでは「祖国」の象徴である日の丸、沖縄教職員会の緑旗、そして労働組合の赤旗が翻る風景が当たり前になっていた。

その労働組合について、『守礼の光』は何を語っているのか。実は労働組合そのものを否定するような記事は一つもない。そのかわり、あるべき労働組合について雄弁に語っている。その論調は、アメリカの基準に合致した組合を奨励し、そうでない組合を牽制するという線で一貫している。

たとえば『労働事情特集』(1962年9月号付録)の冒頭に掲げられたキャラウェイ高等弁務官のメッセージでは、「法律に従って、組合員に最大の利益をもたらすように働くこと」こそが組合本来の使命であり、「自分を宣伝したがっている政治家とか、労働争議は良俗破壊のよい機会だと思っている事件屋などの介入を許す余地はありません」と釘を刺している。経済的な地位向上を図る組合は良いが、政治的な活動は許さないというわけだ。

占領初期の組合対策は、もっと大雑把だった。労働組合を共産主義者の苗代と見做し、その組織化を妨害する立場を取っていた。しかし1960年代に入る頃には、現状への不満を訴える労働者を十把一絡げに共産主義者と見做して弾圧するそれまでのやり方は、結果的にアメリカに対する反感を助長し、反米勢力の主張に説得力を与えることにしかならないことを学習する。

結果として採用された方策が、〝勤勉に努力すれば報われる〟というメッセージを労働者の心性に刷り込むことだった。それは抵抗運動に対して強権的な弾圧で臨むのではなく、敵対者の内部から働きかけて穏健化させるという、一段高度な統治の到来を意味していた。労働組合は労働者の待遇改善という手近な目標に専心すれば良く、〝復帰〟や〝基地撤去〟や〝革命〟などと言った遠大な理想を追い求めるべきではない──それは労働者に向けたメッセージであると同時に、復帰運動を内側から穏健化させるための呪文のようなものだった。この呪文は労働者を復帰運動から完全に引き剥がすほどの効力は持たなかった。が、労働運動を分裂させ、復帰運動の急進化を抑制する楔になった。

アメリカの発したメッセージの効力は、発信者の意図を超えて長く持続した。沖縄の労働運動は1972年の日本復帰を境に失速し、その後は組合活動自体が労働者から疎遠なものになっていった。そして動員の支柱を失った沖縄の大衆運動は、長い冬の時代を迎えることになる。

(古波蔵契)

WEAPONS STATUS
TACTICAL MISSION DATA
TACTICAL MISSION DATA
STATUS
A1C MATUSEK 134

冷戦下の世界と沖縄

　沖縄のアメリカ統治時代、世界は冷戦のまっただ中にあった。アメリカを中心とする資本主義陣営と、ソ連を中心とする共産主義陣営は優位を競い合い、世界中を巻き込む軍事的緊張をつくり出した。ドイツや朝鮮半島が分断されて対立の前線と化すなかで、沖縄の軍事的価値が再発見された。サンフランシスコ講和条約で日本は主権を回復したが、沖縄は切り離されてアメリカ統治下へ。米軍は広大な土地を占拠して基地を建設し、核や毒ガス兵器、大型爆撃機を配備することで、極東最大の軍事拠点を築く。かつて本土防衛の「捨て石」にされた沖縄は、「太平洋の要石」として再利用されたのだ。1965年にベトナム戦争が始まると、米軍の後方支援基地のある沖縄はベトナムの人々から「悪魔の島」と呼ばれ、沖縄住民側の反戦機運は高まった。対照的に、『守礼の光』にはアメリカの介入を正当化する記事が増えていった。米ソ二大国間の直接戦闘こそ避けられたものの、冷戦は各地に独裁的な傀儡政権や内戦状況を生んだ。また核兵器を含む軍拡競争が激化する一方、宇宙や原子力開発をめぐる科学技術は「発展」した。『守礼の光』が取り上げたのは、これら「発展」をはじめとする冷戦の明るい面ばかりなので注意しておこう。東西陣営の対立は1989年のマルタ会談をもって一応は終結したが、冷戦の遺産は現在の世界情勢や沖縄社会に色濃い影を落としている。

沖縄防空圏内の航空機の動向を示す管制表示盤。那覇の第313航空師団防空管制本部（86号、1966.3）

USCARと琉球政府

米軍は1945年、沖縄上陸と同時に「ニミッツ布告」を公布、これによって日本の権限は停止され沖縄は米陸海空の軍政府の占領下に置かれた。1945年8月に住民代表で構成される諮問機関「沖縄諮詢会」が米軍によって設置、住民との橋渡し役として、配給や戸籍の整備、収容所からの住民帰村などの行政を行った。翌1946年には沖縄諮詢会を継承するかたちで「沖縄民政府」が設立された。1950年、米軍は沖縄の長期的占領を視野に「琉球列島米国民政府（USCAR）」を設立する。1952年のサンフランシスコ講和条約発効により日本は主権を回復するも、一方の沖縄は正式に米軍の施政権下に置かれることになる。それまで各群島ごとの組織だった沖縄民政府は1952年に全琉統一がはかられ、司法・立法・行政の機能をもつ「琉球政府」となった。だがUSCARは琉球政府の決定を破棄できる権限を保持していたため、沖縄の自治はあくまで米軍の許す範囲に限られていた。さらに1957年から沖縄の施政権返還までの15年間は、高等弁務官がUSCARの最高責任者となり、6代にわたって絶大な権力をふるった。その苛烈な統治ぶりは「沖縄の帝王」と呼ばれるほどであった。

『守礼の光』では、USCARは沖縄に多大なる発展をもたらし、高等弁務官は地域住民らに親しまれていると強調的に描いており、米軍統治が民主的なものだと内外に喧伝する意図が見てとれる。

3代目高等弁務官、キャラウェイ氏と西原の住民。「沖縄の自治は神話にすぎない」と発言し、たび重なる強権の発動は「キャラウェイ旋風」の異名をとった（67号、1964.8）

発展のパノラマ 6 1965

沖縄側の行政の長である琉球政府行政主席は歴代5人が就任した。初代は1952年の琉球政府発足時に米軍より任命された比嘉秀平氏。比嘉氏は在任中の1956年に急逝し、2代目には那覇市長の當間重剛氏が選ばれる。第3代は沖縄自民党総裁の大田政作氏。第4代はそれまでの高等弁務官による任命制から立法院での間接選挙となり、松岡政保氏が当選。そして1968年、初の住民投票による主席公選で第5代の屋良朝苗氏が当選した。

【上】行政の中心地、琉球政府プラザ。USCARと琉球政府の入る政府ビルを中心に、立法院議会場、警察武道場に使われた武徳殿などがある（77号表紙、1965.6）
【左列上から】立法院（155号、1971.12）、武徳殿（69号、1964.10）、琉球政府裁判所（152号、1971.9）
【右】松岡政保第4代行政主席（72号、1965.1）

スポーツによる親善

『守礼の光』にはスポーツで米軍関係者と沖縄住民が交流する様子がよく登場する。言語を介さずにコミュニケーションできること、またフェアプレイや友好の精神がアメリカの民主化政策を体現するとして、スポーツは琉米親善におおいに活用されたのである。『守礼の光』50号（1963.3）では久場崎米人学校と知念高校の親善バスケットボールを紹介、「試合が終わると、たがいにかけ寄り、それまでの敵味方が肩をだきあって相手の健闘をたたえた」と描写している。女性チームを取り上げた記事も多く、女性の社会進出を推奨する視座も見て取れる。また労務管理の側面からもスポーツレクリエーションは利用され、基地内従業員の卓球大会を取り上げた記事では、「従業員たちの勤務態度がまえよりも明るく快活になってきた」とその効用を伝えている。一方で、軍国主義や国家神道との関連から、剣道などの武道はレクリエーションの場から排除された。

【上】キャンプコートニーのバレーボールチーム（23号、1960.12）
【下左から】米ハイスクールと知念高校のバスケットボール試合（50号、1963.3）、親善週間に行われたアメリカ人と琉大生のバレーボール大会（5号、1959.5）

【上】少年野球を通じた米琉親善
（50号、1963.3）
【下左から】基地内のスポーツ大会
（15号、1960.3）、海兵隊の施設で
はじめて作られたキャンプヘイグ
の女子バレーボールチーム（23号、
1960.12）

沖縄と原子力

冷戦時代、米ソによる核開発競争は巨大な暗雲となり、世界は核戦争による破滅への危機感に覆われていた。1953年、米アイゼンハワー大統領が国際連合の場で「Atoms for Peace」の演説を行い、核の平和利用を推進する「国際原子力機関」設立への機運を作った。時期を同じくして1954年、マーシャル環礁での米核実験による漁船の被爆事件が発生、さらに1962年のキューバ危機で米ソ核戦争開戦の瀬戸際にまで追い込まれたことで、両大国は核戦争を回避する道を模索しはじめていく。

自国の核開発を正当化する狙いから、『守礼の光』では、原子力を安全な未来志向の技術とアピールする記述が目立つ。那覇に原子力船サバンナ号が初寄港の記事(109号、1968.2)では、目的は原子力の平和的利用状況と原子力船の安全性を知ってもらうためと記載。「原子力を平和へ」(1号、1959.1)記事では放射能測定器や放射能を使った植物実験の様子が取り上げられ、「原子力応用技術」(125号、1969.6)記事では、アメリカですでに航空、医療、発電などさまざまな分野で原子力が活用されていると紹介している。

一方、「放射能はどこまで人体に安全か」(124号、1969.5)では、那覇軍港での大気中の放射能測定結果を発表。「この値の強さでは、髪の毛が抜けてはげになったり、死亡したりすることはないにしても、血液に変化を起こしたり、気力がなくなったりして多少の障害がおこる可能性はあると考えなければなりません」としている。記事のまとめでは、1963年までに米ソは核実験を繰り返したが、有害性が明らかになってから大気圏内の核実験を行わぬこととした旨を記述し、この汚染は1964年の中国の第一回核実験に由来するものだとしている。

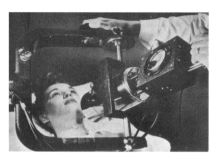

【上から】2枚とも「原子力を平和へ」記事より(1号、1959.1)、原子力船サバンナ号を視察する西銘那覇市長(109号、1968.2)

44

那覇に入港した原子力船サバンナ号（109号、1968.2）

宇宙開発と沖縄

技術の軍事転用や進歩的社会をアピールする意義からも、宇宙開発はアメリカとソ連にとって冷戦の主戦場であった。ソ連が1957年に世界初の人工衛星スプートニクの打ち上げを成功させると、対抗するアメリカもNASAを設立し、競争は激化の一途をたどっていく。1969年、アメリカはアポロ11号で月面着陸を成功させ、人類初の一歩をしるしたアームストロング宇宙飛行士を「進歩社会アメリカ」の象徴として喧伝した。そのアームストロング氏だが、実は1966年に那覇港に上陸したことがある。搭乗したジェミニ8号が宇宙空間で緊急事態を起こしたが辛くも地球へ帰還、沖縄東方海上に着水したのである。氏らは機体から救出されたのちに那覇港に上陸、そしてアメリカへと帰還した。『守礼の光』はその様子をつぶさに伝えて乗組員の技術をたたえ、沖縄が宇宙開発に重要な役割を果たしたと結んでいる。

【左】那覇港に上陸した左からアームストロング、スコット両飛行士
【上】洋上から引き揚げられたジェミニ8号。アメリカ12番目の有人飛行機で宇宙空間での世界初の2機ドッキングも果たしている（いずれも89号、1966.6）

沖縄で月の石が公開されたときの様子。1971年の新年、ランパート高等弁務官が催したレセプションの一幕で、月の石はアポロ12号が持ち帰ったもの。行政主席ら要人らが興味深そうに見いる様子が掲載されている。写真は美術界の重鎮、山田真山夫妻（146号、1971.3）

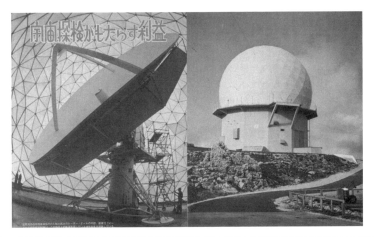

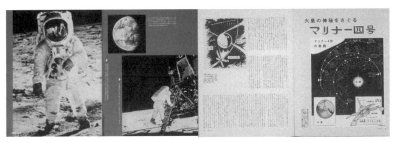

『守礼の光』では宇宙関連の記事が頻繁に登場する。宇宙開発はそもそも軍事への転用を
前提としており、関連して沖縄のレーダー基地を紹介したと思われる
【上左から】宜野湾のレーダードームの内部（129号、1969.10）、与座岳のレーダー基地（86
号、1966.3）【中・下】宇宙関連記事の数々

アメリカの自画像

『守礼の光』ではアメリカ各州訪問や米文学の紹介など、アメリカの歴史や文化にかなりの数言及している。

古代ギリシャのデモクラシーに遡り、専制君主の権力を法によって抑制する立憲主義を確立し、さらにイギリスとの独立戦争に勝利して憲法秩序を打ち立てるまでの闘争の歴史を辿りながら、現代アメリカの根幹を成す価値観を紹介している。それはおおむね、基本的人権の尊重、立憲主義と主権在民、宗教・言論・報道・集会の自由、万人の平等、教育・政治参加機会の保障、科学的思考への信頼、自由経済の擁護──などに集約される。

第53号（1963.6）に掲載された「アメリカ人の根本的信念」には、「アメリカ人は民主的な政治や民主的な生活は、他のどんな方式の政治と比べても、より多くの人により多くの自由と幸福を約束するものと信じています」とある。女性や黒人、障がい者など、属性に関係なく平等に社会の成員として認める社会だとアピールする記事も多い。

対して仮想敵である共産主義は、アメリカ的な価値観を認めない考えとして紹介されている。アメリカは、様々な人種や思想が共存することは肯定するが、度を超えた対立や社会秩序自体の転覆には容赦しない社会だということも、記事から読み取ることができる。

マンハッタンのタイムズスクエア（96号、1967.1）

ケネディ夫妻、キング牧師、米フィギュアスケートのペギー・フレミング選手、「盲人への音盤読書」写真、アメリカの海底開発のための機材などをコラージュ

49

ベトナム戦争と沖縄

フランス領インドシナにおける脱植民地闘争の実質的勝利は、アメリカに大きな衝撃を与えた。この闘争はソビエト連邦や中華人民共和国など東側勢力の支援を受けたものであり、フランスの撤退は西側陣営の敗北を意味していた。当時のアメリカの対外戦略は、ある地域で共産主義勢力の跋扈を許せば、その影響は近隣地域に波及し、やがて世界的規模へ拡大するという「ドミノ理論」の影響を強く受けており、東南アジアでの動きを傍観することはできなかった。北ベトナムの抵抗勢力を鎮圧すべくベトナム南部に傀儡政権を樹立。1964年にはトンキン湾沖での軍事衝突に口実を得て、いよいよ直接的な軍事介入に突入していく。これがベトナム戦争に至る経緯である。南北ベトナム間の戦争は、東西冷戦が局所的な熱戦に転じた代理戦争であり、米ソ両国をはじめとする関係諸国の思惑も絡み泥沼化の一途をたどった。1960年代半ばになると『守礼の光』にも毎号のようにベトナム関連記事が登場するが、その内容は美しいベトナムを侵略する悪逆非道な共産主義者、ゲリラ戦を繰り広げるベトコンとの闘い、米軍による避難民の手厚い保護など、アメリカの正当性を主張するものがほとんどである。ベトナムへの出撃基地となった沖縄の話題も登場するが、「沖縄の海域・空域を侵略から守る」といった描写で美化されている。

【左】「たこつぼに隠れてベトコンをのがれた少女」との説明がついている（78号、1965.7）
【右】米軍が持ち込んだ食糧と農家の少年。「やさしいベトナム人はよく人に食物を分けてしまうので空腹に悩まされることがある」と記述されている（73号、1965.2）

沖縄海域を守備する米第七艦隊の空母でカタパルトにジェット機を取り付ける乗員。ベトナムへの出撃も行った。
沖縄の軍備は共産圏の攻撃から沖縄を守るためとの趣旨の記述は数多くみられる（84号、1966.1）

【上】対峙するジョンソン米大統領とグエン・カオ・キ・ベトナム首相。「売れなくなった共産主義」記事（91号、1966.8）より。記事には、ラテンアメリカ、アフリカ、タイなどで共産主義が締め出しにあっていること、当時すでに泥沼化していたベトナム戦争に対して、ジョンソン大統領は不撤退の姿勢だと強調している
【下】「共産主義を知るための十の質問」（33号、1961.10）より、「侵略」を「平和共存」へとことばの意味を変えている共産主義者の絵

共産主義　あべこべの世界

『守礼の光』には中共への激しい批判記事が数多くみられる。「なぜわたしは北朝鮮を脱出したか」（104号、1967.9）、「国の内外で共産主義と戦うタイ国」（112号、1968.5）など枚挙にいとまがないが、多くが宗教や経済活動の自由の侵害、生活水準の低さ、独裁体制への批判といったものである。中には、共産主義者は「侵略」を「平和共存」と呼ぶなど、ことばの意味を変えてしまう——といったような批判もみられる。これら批判記事の数はアメリカ紹介記事の数と比肩するほどで、アメリカが共産主義を自身との「あべこべの世界」ととらえ、強い警戒心を抱いていることが感じ取れる。

コラム②

日常の中の冷戦

『守礼の光』は、沖縄を取り巻く国際情勢を説明する記事も多く掲載している。その世界観は、沖縄を含めた西側＝資本主義陣営を守ろうとする米国と、侵略を目論む東側＝共産主義陣営の対立を基調とした単純明快な善悪二元論だ。沖縄はアジアにおける反共の砦であり、脅威が去るまでの間は、米軍の駐留に理解を示して欲しい、というのが雑誌の公式的なメッセージだった。

そもそも冷戦とは何か。東西両陣営の軍事対立という理解では不十分だ。その根底には〝資本主義社会の持続可能性〟をめぐる二つの歴史観の対立がある。乱暴を承知で東西両陣営の歴史観の違いを一言でまとめてみよう。それは〝資本主義社会は労働者階級の蜂起によって打ち倒され、社会主義へと道を譲る宿命にある〟と考えるか否かにある。

資本主義社会の下では、労働者は搾取の対象でしかなく、資本家との対立は不可避であり、労働者が救われるためには資本家を打倒して社会主義革命によって政権を奪取しなければならない──こうした思想に対して、アメリカは西側陣営の盟主として説得力ある代案を用意しなければならなかった。すなわち、人々の心の中に〝資本主義の下でも（革命を経ずとも）労働者は幸せに暮らすことができる〟という確信を打ち立てること。それが冷戦期アメリカの課題だった。

沖縄統治にあっても同様だ。たとえば、『守礼の光』の創刊号に掲載された「米国人労働者の生活」を見てみよう。

　　今日では大部分の労働者が清潔で便利にできた自

分の家に住んでいる。〔中略〕五軒に四軒は電話があるし、ラジオやテレビの普及率も非常に高い。街角のドラッグ・ストアには廉価版の本があふれているし、ラジオ、テレビの視聴者数、映画や音楽会の入場者数を見ると、文化というものがもはや少数者の特権ではなくなって来ていることがわかる

この記事の力点は、「少数者の特権」の否定にある。労働者であっても、自分の家を所有したり、かつて富裕層に独占されていた文化にアクセスしたりできるというわけだ。

クリントン政権で国防次官補を務めたジョセフ・ナイは、強権の行使ではなく、魅力によって影響を与える力を〝ソフト・パワー〟と呼び、これをアメリカの世界的な覇権の源泉に位置づけた。ソフトパワーは権力の一種だが、抵抗する相手に有無を言わせず服従を強いる一般的な権力のイメージとは異なる。強権行使は必ず反発をまねくため悪循環に陥りやすい。対してソフト・パワーは、意図した通りの態度・行動を自発的に選び取らせるため、コストパフォーマンスに優れている。

沖縄占領のなかで見落とされがちなのは、こうした音もなく静かに作動する権力だ。たしかにアメリカは、官憲による監視や恫喝、経済的な制裁や誘導など、露骨に強権的な権力行使も辞さなかった。が、もしそのような暴政に終始していたら、27年にもわたって沖縄統治を続けられなかっただろう。『守礼の光』から読み取るべきは、住民の心性に働きかけ、日々の行動に影響を与えていくような支配のあり方である。

（古波藏契）

産業の近代化

産業の近代化も『守礼の光』の重要なトピックの一つ
だ。高度成長を遂げる日本本土への羨望を断ち切り、
アメリカ統治の正当性を打ち立てる意味でも、産業の
近代化は不可避の課題だった。

特に『守礼の光』には、機械類を操作する労働者や工場
の風景が多く登場する。当時の〝工業化〟という言葉に
は特別な響きがあり、ほとんど〝進歩〟と同じ意味で使
われていた。

それは日本をはじめ、戦後の高度成長はいずれも工業
化を主軸としたためだが、誌面から受ける印象ほど、
沖縄の工業化が進んだわけではない。『守礼の光』が列
記する沖縄の工業製品は、砂糖、パイン、菓子、食用油、
みそ、しょうゆ、小麦粉、海産物加工品、農薬、飼料、肥
料、酸素、窒素、縫製加工品、セメント、パーティクル
ボード、合板、ガラス製品、陶器、漆器、貝殻細工、サン
ゴ細工など、ほとんどが域内需要を見込んだもので、
規模も小さかった。

1960年代には輸出も一定伸びたが、その大部分は砂
糖やパイン缶詰など食品製造業であり、それも日本政
府の特恵措置（輸入関税免除）ありきで、世界市場で通
用する産業には育たなかった。スローガンとしての工
業化は復帰後まで続くが、やがて観光業などに道を譲
ることになる。

「戦後の沖縄工業の発展」記事（80号、1965.9）より、拓南製鉄所

工業

戦後20年の節目に発行された80号（1965.9）に、「戦後の沖縄工業の発展」として20年を振り返る記事が掲載されている。沖縄の代表的近代企業として、セメント会社、ビール会社、パーティクルボード会社、魚肉、ハム、ソーセージ会社、縫製加工会社、合板会社、たばこ会社、分蜜糖会社、パイン会社、鉄筋会社などが列記され、「こうした工業製品は島内需要に充てられて貴重なドル貨の流出防止に役だつ」と記している。また、琉球人形などの手工芸品は海外輸出に適しており、量産体制をととのえ展示即売に出すのが喫緊であるとの提言も行われている。

【左ページ左から】名護市屋部の琉球セメント（144号、1971.1）、泡瀬の沖縄製塩株式会社（43号、1962.8）

【右ページ左列上から】牧港のヒューム管製造工場（101号、1967.6）、沖縄塩素産業（114号、1968.7）、アルミサッシ工場（64号、1964.5）
【右ページ右列上から】漫湖から木材を搬入する沖縄プライウッド（133号、1970.2）、牧港の酸素工場（103号、1967.8）

【左ページ上から】大東島の製糖工場（沖縄返還特別号、1972.5）、沖縄紡績具志川織布工場（92号、1966.9）

【右ページ上左から】ラジオの組立工場（25号、1961.2）、油の精製（31号、1961.8）、沖縄繊維工業（73号、1965.2）

【右ページ中左から】琉球クラウン電池の工場（99号、1967.4）、自動車修理工場（47号、1962.12）

【右ページ下左から】与那原の瓦工場（27号、1961.4）、自由貿易地域の皮革工場（44号、1962.9）、コンクリートブロック工場（38号、1962.3）

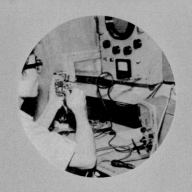

工場

復帰前の沖縄では果物や食肉の加工など
の軽工業が産業の中心であった。特産
のパインは1966年4月から1967年3月ま
でに加工パイナップル184万7532ケース
が琉球から輸出されたが、そのうち97
万5952ケースは八重山で生産されてい
ると、「八重山群島訪問記」記事（110号、
1968.3）では伝えている。そのほかオキ
コ、オリオンビール、琉球製油、バヤリー
スなど、現在でもよく知られた企業が登
場し、製造の様子が記録されているのも
興味深い。

【上】石垣のパイン工場（110号、1968.3）
【下左から】食肉工場（94号、1966.11）、琉球製油
（112号、1968.5）

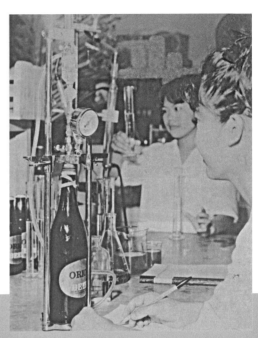

【上左から】オキコ（93号、1966.10）、オリオンビール（105号、1967.10）
【下】バヤリース（80号、1965.9）

ローカル企業の発展

ビールやジュースなどのガラス瓶を再生してつくられる琉球ガラスは、その独特の風合いから、米軍人軍属のお土産品や日本への輸出品として珍重されていた。トカゲの皮を加工してつくられる皮革製品なども当時人気を博した物産である。そのほか、琉球で生産されたタバコ、パン製造の次郎兄弟ベーカリー、沖縄月星ゴム、赤マルソウなどのおなじみの企業の姿も見える。

【左ページ左列】両方ともジローベーカリー（40号、1962.5）
【左ページ右列】全琉皮革（102号、1967.7）、沖縄月星ゴムの物産展示会の様子（31号、1961.8）、ワンワン印のオキコと記載されているオキコの物産展示会（31号、1961.8）

【右ページ上】赤マルソウで知られる具志堅味噌醤油の宣伝カー（31号、1961.8）
【右ページ下左から】シガレット工場（44号、1962.9）、琉球ガラス（155号、1971.12）

畜産・水産加工・養殖など

鯨加工業、新事業としてのウナギ養殖や近代的な畜産などの記事も。

【上左から】琉球捕鯨会社の解体工場(30号、1961.7)、養豚(80号、1965.9)
【下左から】西原の養鶏場(58号、1963.12)、浦添のウナギ養殖場(151号、1971.8)

二大「基幹作物」、サトウキビとパイン

戦後初期の沖縄農業は米やサツマイモなど自給的作物が中心
だったが、1950年代に入って飛躍的に生産を拡大したのがサ
トウキビとパインである。

サトウキビは沖縄の気候に合っていたので戦前にも栽培され
ていたが、戦後、輸出振興の観点から再注目された。アメリカ
はハワイや台湾などを見本に、沖縄糖業の近代化を唱えた。
1950年代の後半には本土資本を呼び込むことで、大型製糖工場
の設立を促した。それまで主流だった農民自身による小規模な
自家製糖は隅の方へ追いやりながら、砂糖は瞬く間に基幹作物
の地位を獲得する。アメリカの糖業合理化戦略に加え、日本政
府の特恵措置、さらにはキューバ危機に伴う砂糖価格の急騰
も相まって、1960年代にはサトウキビブームを迎えた。

もう一方のパインは戦前から石垣を中心に栽培されていた
が、沖縄戦によって壊滅、戦後に再開されると、砂糖と同様に
日本市場への輸出を当て込み生産規模を拡大していった。

サトウキビとパインの加工品は、輸出総額の7割を占める文
字通り輸出基幹産業に成長したが、その足腰は極めて脆弱
だった。生産性では台湾をはじめとするライバルに太刀打ち
できず、絶えず貿易自由化と合理化の圧力にさらされていた。
それでも存立し得たのは、本土政府の特恵措置のおかげであ
り、その継続を求める陳情が毎年のように行われた。

【左】パイン畑の収穫の様子（66号、1964.7）
【右】サトウキビ畑と農夫（67号、1964.8）

工芸

紅型や漆器、織物、琉球ガラスなど沖縄の工芸品について取り上げた『守礼の光』では、沖縄独特の文化であること、海外や日本への土産品として価値の高さを強調する内容が多い。下左写真は『守礼の光』141号（1970.10）より、紅型の復興に多大な功績を遺した人間国宝・城間栄喜氏。

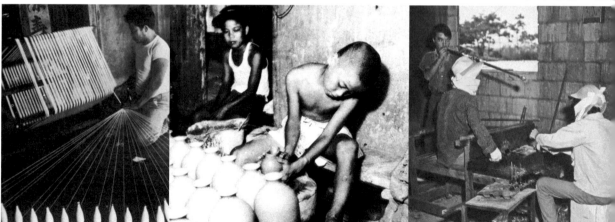

【左ページ上】「首里に残る紅型芸術」より城間栄喜氏の工場で完成した紅型（141号、1970.10）
【左ページ下左から】型紙の下絵を描く城間栄喜氏（141号、1970.10）、機織りの様子（50号、1963.3）

【右ページ上左から】「伝統工芸を伝える漆工産業」記事より角万漆器。熟練工による堆錦の文様つけ（108号、1968.1）
キャンプ瑞慶覧内の「RYUKYUAN GIFT SHOP」。1951年に琉球の民芸や工業の発達をうながすために米軍関係者が作ったといい、焼物やガラス製品などが並ぶ（12号、1959.12）
【右ページ下左から】絣織のかせかけの様子（5号、1959.5）、壺屋の少年陶芸家（12号、1959.12）、吹きざおを使って融解ガラスから製品を作るガラス吹き工（155号、1971.12）

農業の近代化

米軍は沖縄農業の近代化にも熱心に取り組んだ。古いやり方に固執することなく、科学的な思考・農法を積極的に取り入れるよう農民たちに熱心に訴えた。レタスやトマトなど基地内需要のある作物や、畜産などの付加価値の高い産品にも挑戦するよう背中を押した。『守礼の光』など雑誌での広報活動だけでなく、琉球政府が所管した普及事業では対面での農法指導やサラダ作りなどの食卓指導も実施した。〝農家に科学を持ち込む〟〝考える農民をつくる〟といったスローガンを掲げる普及事業には、単に農業生産の合理化や農家所得の向上だけではなく、農業改良や生活改善を通じて〝科学的合理性〟というアメリカ的価値観に対する体感的理解を培う効果も期待された。

【左列上から】農業指導員による農家向けのラジオ放送、農薬散布指導(いずれも35号、1961.12)
【右列】「模範農場」とよばれる農業試験場の実験農地と農場長(147号、1971.4)

コラム③

アメリカの沖縄〝自立〟策

アメリカ統治期の沖縄経済は、〝生け花経済〟とか、〝人工栄養の経済〟と呼ばれることがある。いずれも土台になるような自立的な経済基盤を欠いたまま、表面的にアメリカ流の豊かな消費生活を謳歌している様子を揶揄した表現だ。

沖縄経済の依存体質はアメリカにとっても深刻な懸念事項だった。『守礼の光』も〝自立経済〟や〝健全経済〟といった目標を頻繁に語っているが、これは沖縄経済の不安定性がアメリカ統治の不安定性に直結するという意識の表れと言って良い。

ただ、もとはと言えば沖縄経済の歪な発展の一端はアメリカの経済政策にある。たとえば占領初期の沖縄経済の呼び名に、〝基地経済〟というのがある。沖縄で使う物資と資材をもっぱら日本本土からの輸入に頼り、その支払いに米軍基地関係の収入を充てるという特異な経済構造を指す用語だ。占領初期のアメリカにとっての課題は、迅速な軍事基地の整備と、土地と仕事を失った人々に生活の糧を与えることであり、膨大な労力を必要とする基地建設の現場に地元住民を動員することは一石二鳥の得策だった。

こうした経済の回し方は、限りある資金の有効活用という点で短期的には合理的だったかもしれない。が、基地の建設がひと段落した1950年代半ばには、早々に限界を迎える。それと強硬な軍用地確保があいまって島ぐるみ闘争を惹起し、アメリカの沖縄統治は根底から揺らいだ。かくして基地経済の限界を乗り越え、自立経済を確立することが新たな課題となった。

アメリカが沖縄経済の〝自立〟を語ると、少し違和感があるかもしれない。経済的に依存していた方が政治的に支配しやすく、アメリカにとっても好都合に見えるからだ。実際『守礼の光』でも、基地が生む雇用効果や軍人・軍属による消費など、米軍の駐留が地元経済に与える恩恵を語る記事が目立つ。

しかし現実のアメリカには、沖縄住民の生活を支え続けるような経済的な余力はなかった。1950年代の後半にもなると、世界貿易上のアメリカの地位は日本やドイツに脅かされ、国際収支は赤字に転じていた。いくら豊かと言っても、沖縄のために割ける援助予算には限度があったのだ。したがってアメリカの言う自立経済とは、本国に財政負担をかけることなく、沖縄の住民を経済的に満足させるという厄介な課題を言いかえたものに他ならない。

それでは自立経済の確立という課題は達成されたのか。答えは〝否〟だろう。切り札とされた外資導入も、工業化の促進による自立経済の確立という当初の目標を達成することなく不発に終わった。『守礼の光』の誌面には〝沖縄版高度成長〟とでも呼ぶべき経済発展の様子が記録されているものの、その内実は日本政府からの援助やベトナム特需などの外部要因に依存した危うい構造になっていた。特に日本政府は、成長を続ける日本本土と比べても遜色のない経済成長率を維持できるように、沖縄援助を年々増やしていった。それによって地元住民の不満を緩和できると考えられたからだ。

結果、沖縄経済の外部依存体質は温存された。自立経済という目標は復帰後に積み残され、今に至るまで沖縄の自治を蝕む宿痾となっている。

（古波藏契）

島 の 風 景

　沖縄の戦後は衣食住からインフラ整備に至るまで、名実ともにゼロからの再建であり、その過程において島の風景も大きく様変わりしてきた。

　各地で道路整備がなされて農村は都市化していき、経済の発展にともなって車が爆発的に増え、島と島を結ぶための小さな港は拡大されて輸出入貨物の一大集積地となった。かつては人通りも少ない畑や湿地帯だった牧志街道は国際通りと呼ばれるネオン華やかな往来へと変貌を遂げた。

　また、飛行機によって大勢が沖縄と各地を行き来できるようになり、古来よりの城跡や自然豊かな景勝地は観光名所として知られるようになった。地域ごとに行われていたまつりや行事は、戦後になって復活を果たしたものや、社会の近代化で継続が難しくなり失われたものもある。

　ここに収録した写真は、『守礼の光』刊行当時の最新状況を記録したものが多いが、撮影時からすでに50年以上が経過しており、今見るとなつかしさを覚えるものばかりである。復帰したのちも沖縄は大きな変化を経て現在に至っている。

恩納村を抜ける風光明媚な一号線。「返還時に日本政府へ移管される全長200キロに及ぶ幹線道路の一部である」と『守礼の光』では説明されている（152号表紙、1971.9）

交 通

戦時中に占拠された道が軍道として使用されたり、米国式の「車は右、人は左」の交通方法がとられたりと、米軍占領下の沖縄においては交通事情も特殊であった。写真は『守礼の光』80号（1965.9）より那覇市の泊交差点。道筋は現在と似通っているが車両は右側走行である。

一号線

那覇から国頭村奥までの全長123キロの幹線道路。1945年、県道であった那覇―名護の65キロを米軍が軍用道路とし、「米合衆国一号線」(USA HighwayNo.1)の標識を各所に立てたのがはじまり(名護以北は琉球政府が管理)。当初は軍事優先のために中央分離帯も陸橋も設置されず舗装もなかった。沖縄最大の交通量で「沖縄の大動脈」として機能し、復帰にともない1972年5月15日に一般国道58号に指定された。

【上左から】
那覇の一号線(80号、1965.9)
那覇市街地(沖縄返還特別号、1972.5)
【下】浦添一号線(142号、1970.11)

事故の多発と道路整備

車社会の急激な進行で交通事故が多発した沖縄。『守礼の光』にも交通安全を訴える記事が掲載された。「急ブレーキの激しい悲鳴とタイヤが路面に焼きつく摩擦音。それと同時に、ドスッとにぶい音をたてて人体が金属にふっとばされる」「やがて知らせを受けた家族がかけつけてきて、ひき殺された肉親の無惨ななきがらにとりすがって泣く」というインパクトの大きい記事で、ドライバーではなく、車の隙間を縫って横断する歩行者に注意を喚起している記事もあった。街頭で配布した安全運転呼びかけのためのマッチや、「人は左、車は右」との記述のある交通安全週間ポスターも紹介された。多数走行していた米軍車両について「ナンバーの意味を知りたい」との読者の意見があったとして、その意味を紹介、アルファベットと数字は軍での階級を表しており、左から下士官、将校、陸海空文官の車両とのこと。

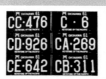

当時は毎日およそ12000台の米軍車両が走っていたと伝えている。そのほか、今とはまったく違った姿を見せる道路整備前の様子も写真に残されていた。

【左ページ上左から】車道を闊歩する歩行者（56号、1963.9）、交通安全マッチとポスター（2号、1959.2）
【左ページ中】幼稚園の子供に安全指導する警官（7号、1959.7）
【左ページ下】米軍車両のナンバー一覧（31号、1961.8）

【右ページ上】那覇の安里インターチェンジの工事（139号、1970.8）
【右ページ下】1953年の国際通り（沖縄返還特別号、1972.5）

往 来 を ゆ く

戦後復興や経済の発展とともに商業建築物が増えて交通量も増加した国際通り。立ち並ぶ柳の木
に英字の看板と、異国情緒ある往来の景色を見せている。『守礼の光』には、軍用車両を改造したバ
ス、右側走行、アメリカ式のロータリー交通法など独特な往来の景色が残されている。

【左ページ】国際通り（80号裏表紙、1965.9）
【右ページ上】糸満ロータリー（80号、1965.9）
【右ページ下左から】交通整理をする警官（69号、1964.10）、那覇バスターミナル（42号、1962.7）

島 の 港

多数の島嶼を抱える沖縄だが、空港や橋が整備されるまでは島同士の行き来は海路に限られた。
物資輸送や人員移動、あるいは漁なども含め、港は暮らしに欠かせないものであった。写真は瀬
底島に停泊する第三瀬底丸。向かいの本部までの海路7分を航行していた（151号、1971.8）

【上左から】伊是名島の仲田港（88号、1966.5）、石垣港（79号、1965.8）
【中左から】伊江島で渡久地港との連絡船（64号、1964.5）、宮古の久松漁港（112号、1968.5）
【下】渡嘉敷島の港（134号、1970.3）

港 湾 の 風 景

物流の集積地として重要拠点であった港湾や、そこで働く労働者の姿は『守礼の光』にもたびたび
登場する。写真は那覇の泊港で、琉球に5つある深水港のうち特に重要な港として繁栄、1954年に
160万ドルの浚渫改修工事が行われたと記事は伝えている。

【左ページ】泊港（68号、1964.9）
【右ページ上左から】粟国での輸送船への積み荷作業（96号、1967.1）、那覇港での冷凍食品の荷下ろし（35号、1961.12）
【右ページ下左から】泊港（80号、1965.9）、貿易用大型貨物線が出入りする新那覇港（150号、1971.7）

81

【上】クレーンで陸から吊り上
げて人や物を運搬する南大東
の西港（114号、1968.7）

【中左右、下左】
那覇港での荷役業務風景（35
号、1961.12）

【下右】船から下ろした荷物を
運搬する車（65号、1964.6）

【上】港に接岸する貨物船（35号、1961.12）
【下】遠洋航海船の球陽丸（68号、1964.9）

史 跡 ・ 名 勝

沖縄各地の史跡や名勝などが多数カラー写真で収録されている。その中には現在はすでに無くなってしまったもの、形状が変わってしまったものなどもあり、往時をしのぶ写真史料として貴重である。本ページ写真は2000年に世界遺産に登録された斎場御嶽(50号、1963.3)。

【上左から】座喜味城（50号、1963.3）、波の上（85号、1966.2）

【下左から】勝連グスク（95号、1966.12）、知念城（50号、1963.3）、浦添ゆうどれ（50号、1963.3）、中城城址（63号、1964.4）

島のまつり

『守礼の光』には祭祀行事の記録も残されている。1971年10月10日に那覇市市制50周年記念事業として復活した那覇大綱挽や、当時最大級であった与那原大綱引き、久高のイザイホー、糸満ハーレーなど、ひとびとの思いと活気がよみがえる。

【左から】那覇市市制50周年で復活した那覇大綱挽（156号、1972.1）、与那原大綱引き（67号、1964.8）

【上】久高島のイザイホー（98
号、1967.3）
【下】糸満ハーレーとサンティン
モウの旗役（158号、1972.3）

各地の風景

【上左から】
かやぶきの集落（21号、1960.9）
竹富の玻座間集落（57号、1963.10）
名護のシンボル、ひんぷんがじまる
（29号、1961.6）
今帰仁の仲原馬場（48号、1963.1）
伊是名の風景（88号、1966.5）

【下左から】
豊見城の農村風景（76号、1965.5）
粟国の村役場とデイゴの木（96号、
1967.1）

守礼の光
SHUREI NO HIKARI

105号

【左ページ】大宜味村塩屋集落（123号裏表紙、1969.4）

【右ページ上左から】玉城村の自然橋（159号裏表紙、1972.4）、屋慶名と平安座を結ぶ海上バス（105号表紙、1967.10）
【右ページ下】水田（29号表紙、1961.6）

91

宜名真と辺戸を結ぶ道（102号、1967.7）

【左列上から】金武大川（28 号、1961.5）
国頭の比地滝（149 号、1971.6）
【右】名護の轟の滝（149 号、1971.6）

14

竹富島の郵便局（79号、1965.8）

コラム④

都市化は進歩か

沖縄戦は島の風景を一変させた。米軍は沖縄に上陸するなり占領の開始を宣言し、基地建設に着手した。基地の周りには土地と生業を奪われた人々が集まり、やがて横文字の看板を掲げる店舗が軒を連ねる基地門前町が発展した。都会的な生活様式は、それ自体が魅力となり、ますます多くの人々を基地周辺に引きつけた。北部や離島地域から、コザや那覇、その他中南部地域へ向かう人の流れが生まれ、戦前にはほとんど存在しなかった都市生活者が大量に出現した。『守礼の光』には、都市化を遂げる沖縄社会の様子や、失われていく農村の原風景も記録されている。

都市化は戦後沖縄社会の特筆すべき変化だ。それは島の風景や人々のライフスタイルだけではなく、農村共同体的な社会構造の大々的な解体・再編過程に他ならない。産業構造も変わった。主要部分を占めていた農業は徐々に衰退し、都市での小売りやサービス業から成る第三次産業に取って代わられた。

都市化は、そこに暮らす人々の心性にも影響を及ぼさずにはおかない。1956年に全島を席巻した〝島ぐるみの土地闘争〟では、〝子々孫々のために〟とか〝先祖伝来の土地を守る〟といった言葉が、人々の胸を打つ合言葉として通用した。当時の沖縄社会では、まだ都市と農村の間に確固とした境界線はなかった。都会に出る時は同郷の親族・先輩を頼り、仕事を失えば地元に戻って実家の農業を手伝うといったかたちでの人の行き来も残っていた。

だが島ぐるみ闘争は、共同体的な心性にもとづく超党派的な抵抗運動の最初で最後の例だったかもしれない。1960年代に到来した沖縄版高度成長は、沖縄に残っていたムラ社会的な人間関係や価値観を少しずつ解体していった。

顔が見える人間関係のなかで成立する農村の生活は、〝つながり〟と〝しがらみ〟の二面性を持つ。困っている仲間を助ける相互扶助のセーフティネットは、裏を返せば、自分勝手を許さない厳しい相互監視の網の目でもある。それに対して匿名的な群衆に紛れる都会的な生活は、〝個人の自由〟と〝自己責任〟を尊ぶ競争的な世界だ。個人の才能と努力がものを言う都会的な価値観に馴染んだ人々が、農村的な社会のあり方を疎ましく感じてしまうのも無理はない。

しかし、そうした人心の変化は、島ぐるみ闘争のような集団的な異議申し立てに不可欠な、人々の連帯意識を多かれ少なかれ薄めてしまう。たとえ現状に不満があっても、あてにもならない誰かと一緒に声を上げるより、自分一人の力で切り抜ける方が現実的だと考えるようになるからだ。

窮屈で変化に乏しい田舎で暮らしていた人々が、自由で刺激に満ちた都会へ移っていくことを、『守礼の光』は〝進歩〟と呼んだ。が、前に進むために、人々は自身たちの身を守るための最大の武器の一つであった連帯意識を手放すことになった。

近年の沖縄で行われた意識調査は、どれもつながり意識の希薄化傾向を示しているが、それは決して目新しい現象ではない。1972年の日本復帰より前に、アメリカが沖縄社会の近代化を統治課題に掲げた時から少しずつ始まっていたのである。

（古波蔵契）

学 校 と 社 会 教 育

　教員らの戦死や離散、学校校舎のほとんどが破壊され
たことなどから、終戦直後の沖縄は教育の空白状態で
あった。やがて住民らが避難民として集められた収容
所で子供たちを集めたささやかな教育が自然発生的に
始まっていく。1947年になると、教育基本法をはじめ
とする教育関係法の整備が始まる。1948年には本土
と同じ初等6年、中等3年、高等3年制となったが、現場
では何もかもが不足状態にあり、米軍が残したテント
小屋やコンセット兵舎の再利用、あるいは粗末なかや
ぶき校舎で、教科書や教材もそろわない状態で始動せ
ざるを得なかった。教員不足もきわめて深刻だった
が、1946年に沖縄文教学校が設立され、短期間講習で
教員を養成して補充が行われた。1952年の琉球政府
設立、そして数度に及ぶ米軍の拒否を経て成立した
「教育四法」は大きな節目で、沖縄の教育が日本国民と
しての教育であると明文化されたことで不十分ながら
本土に近い形での教育制度を整備する根拠になった。
大学教育では1950年に琉球大学が首里城跡地に創設。
開学に際してはマッカーサー元帥から〝自由〟を守る砦
となるようにとのメッセージも送られている。1950
年代末期から私立大学も設置され、さらに琉米文化会
館などといった社会教育施設も米軍の近代化政策にも
とづいて整備が進められていった。

上山中学校。『琉球の戦後教育史概要』連載（106号、1967.1)より

小中学校風景

越来小

美里小

安慶名小

東江小

漢那小

伊是名中

伊江島西

西表島上原小

津波小

泊小　　天妃小　　神原小

具志頭小　　城西小　　大道小

久高中　　嘉陽小中

学校教育の復興と給食

沖縄戦によって沖縄の学校教育は一度は壊滅したものの、終戦後の収容所で子供たちを集めた青空教室によって自然発生的に再開された。さらにララ物資やリバック物資などの援助物資を利用した学校給食も行われるようになる。当初はミルクだけの簡素なものだったが物資の増加とともにパンやおかずが加わっていき、復帰までには日本と同等の完全給食を達成する学校もあったという。

【上】終戦直後の名護中学校（107号、1967.12）
【中左から】リバック物資の脱脂粉乳（47号、1962.12）、渡嘉敷への給食配達（沖縄返還特別号、1972.5）
【下左から】若狭小学校の給食風景（137号、1970.6）、小浜小中学校のミルク給食（125号、1969.6）

【左】古蔵中での授業風景（80号、1965.9）
【右列上から】由布小学校のテレビ授業（128号、1969.9）、垣花小中学校の運動場で遊ぶ子供（19号、1960.7）、植樹する子供（3号、1959.3）

高校生活

首里

首里

真和志

宮古農林

那覇

浦添商業実務学校

102 豊見城

前原

中部工業

小禄　　　　　　　　　　　　興南　　　　　　　　　　　　コザ

那覇商業　　　　　　　　　　北部農林　　　　　　　　　　沖縄工業

八重山商工　　　　　　　　　　　　　宮古水産

普天間高校。1948年に野嵩高等学校として創立され、1952年に3学年課程の高校となった。普天間高校の敷地はもともとは中部沖縄農事試験場があったので、校庭には試験場で植えていた珍しい植物がたくさん残っていた（72号、1965.1）

なつかしや校章

「校章は学生・生徒の誇り」という2回連載より、高校・大学の校章。沖縄で最初に記章を採用したのは琉球の全高校で最も歴史の古い首里高校であり、桜の花を模した記章を1898年より使用しているとの記載がある。当時の沖縄の記章は早稲田大や慶應大学にならい交差するペンのデザインが多かったことや、制服の着用を義務付ける強制的な法規はないが、どの学校でも制服が着用されており、校章とともに「誇りを与えている」との言及もみられる。

【ページ上部・左上から順に】商業実務専門学校／沖縄工業高／産業技術学校／那覇商業高／沖縄水産高／久米島高／知念高／南部農林高／糸満高／浦添高／豊見城高／首里高／真和志高／小禄高／那覇高／興南高／沖縄付属女子高校／中央高／沖縄高／国際大／沖縄大／琉球大（103号、1967.8）

【ページ下部・左上から順に】名護高／北山高／本部高／辺土名高／北部農林高／宮古高／宮古農林高／宮古水産高／八重山商工高／八重山農林高／八重山高／宜野座高／中部工業高／前原高／中部農林高／読谷高／普天間高／コザ高／中部商業高／石川高（105号、1967.10）

国際大学・沖縄大学

沖縄大学は沖縄最初の私立大学で、琉球生命保険の創立者、嘉数昇が1958年に設置した沖縄短期大学が四年制大学に昇格（1961年）して誕生した。国際大学は1959年、財団法人コザ学園によって琉球国際短期大学として設置されたのち、1962年に同大を内包した国際大学として琉球政府に認可された。復帰時に、国際大学を母体に沖縄大学の一部を統合したのが現在の沖縄国際大学である。「夜間大学で学ぶ勤労青年」（87号、1966.4）の記事では勤労学生のために夜間講座を開いている両大学ならびに学生を紹介。沖縄大学の「夜学生の四人にひとりは軍雇用員」と記している。

【上】コザ市の国際大学（87号、1966.4）
【下】沖縄大学（80号、1965.9）

琉球大学

1950年5月開学、当初は6学部、1・2年次あわせて学生562人、職員44人で、初代学長は志喜屋孝信氏。米民政府教育局長ゴードン・ワーナー博士による連載「琉球の戦後教育史概要」第8回(113号、1968.6)では「大学の敷地は、一九四五年の戦火で失われるまで七世紀にわたって那覇市を見おろしていた旧首里城の跡に設けられた。琉球の人たちにとって首里城が長いあいだ文化のシンボルであったように、この新しい大学が文化のシンボルになるようにと計画者たちは願った」との記述がある。

【上】琉球大学の風景(同連載第5回、110号、1968.3)。
【下】1950年に琉球大学が開設された当時の本館(同連載第8回、113号、1968.6)。

沖縄少年会館

米軍による事件事故に子供たちが巻き込まれたり、貧困から非行に走る青少年が多発したりと、米軍統治下の子供をとりまく状況は過酷であった。そうした状況を改善すべく設立された「沖縄子どもを守る会」が、1966年に青少年のための文化施設として那覇市に設置したのが「沖縄少年会館」である。大ホール、科学室、離島などから来る子供たちの宿泊室やプラネタリウムなどを兼ね備えており、子供たちの「夢の殿堂」として親しまれた。記事によれば、建設資金の大部分が全国からの募金で集められたという。沖縄初のコンクリート打ち放しのモダンな建物としても注目され、復帰後は1979年から久茂地公民館として利用されたが、2012年に老朽化を理由に解体された。写真は同館のプラネタリウム（131号、1969.12）。

沖縄英語センター

1963年の高等弁務官布告第19号「英語センターの設立」によって設けられた専門的な英語教育を行う米民政府の機関で、1971年6月30日の閉鎖まで多数が受講した。『守礼の光』130号（1969.11）記事によると、前身となる「私立沖縄イングリッシュ・センター」が1960年4月琉球政府文教局の設立認可により那覇の天妃町に誕生。その後、受講者数の伸びもあって首里の龍潭のほとりに教室ビルを新設したという。3階建ての建物には数千冊の蔵書を備えた図書館、音楽室や映画室もあり、語学教育のみならずアメリカ文化の紹介も行われたという。学生だけではなく社会人も多く、聖母診療所に働く沖縄人シスターが受講者の一人として記事に登場している。

琉球政府立博物館

首里当蔵町から大中町に移転新設された博物館で、1966年11月3日に初公開。琉球文化を象徴する数多くの品々が収蔵されるとともに、実演のための設備を有する客席600のホールがあると『守礼の光』には記されている。沖縄返還特別号(1972.5)記事では設立当時を振り返り「ポール・W・キャラウェー高等弁務官の個人的関心と援助で設立された」「那覇市の我那覇昇氏の設計、キャラウェー高等弁務官がこのためわざわざ招いた米国内務省の博物館設計の専門家による技術援助で建てられた」と高等弁務官の尽力を強調した筆致になっている。上写真は沖縄返還特別号(1972.5)、下写真は97号(1967.1)より。

那覇市民会館

1970年11月12日に開館した多目的ホール。2016年10月13日に建物劣化のため休館したが、46年の歴史を数える文化の発信地であった。開館まもない1971年の『守礼の光』には「市民に奉仕する新設の那覇市民会館」のタイトルで同館を紹介する記事が掲載されている(146号、1971.3、写真いずれも同号より)。

地上2階地下1階の3階建て、延床面積7010平方メートル、奥行き96.5メートル、間口42メートル。正面入口の路面から2階に向かう幅の広いコンクリートの階段や、優美なシャンデリア、「クジャクヤシが2階の床を抜いて作った特別の穴を抜けてその枝を伸ばしている」と、**ユニークで現代的なデザインをつぶさに紹介している。設計は那覇市の現代建築設計事務所(野原康輝所長)が手がけた。**

琉米文化会館
琉米親善センター

1951年、占領地における文化政策の一環として米国民政府が設置したもので、公共図書館の役割を担ういっぽうで、住民に直接働きかけるプロパガンダ活動の最重要戦略施設としても機能した。はじめは既存の公共図書館のうち3館を米国民政府の直轄運営に切り替えて開館させ、翌年には宮古、八重山にも設置して、合計5つの琉米文化会館が誕生、1960年代には同機能をもつ琉米親善センターがコザ、嘉手納、糸満、座間味に設置された。

施設では本の閲覧・貸出は自由で、施設のない地域への移動図書館が行われるなど当時の先進的な取り組みを行っており、さらに上映会などの多種多様なイベントも開かれ、戦後沖縄の知識欲を満たす文化の中心地となった。米軍のPR誌『守礼の光』の配布や琉米親善行事なども実施された。

【上左右とも】那覇琉米会館(50号、1963.3、82号、1965.11)
【中左から】名護琉米文化会館(24号、1961.1)、宮古琉米会館(139号、1970.8)
【下左から】八重山文化センター (152号、1971.9)、コザ琉米親善センター (17号、1960.5)

コラム⑤

米軍の民主化政策と教育

教育は自立的な思考を備えた社会変革の担い手を育てる場にもなり得るが、社会秩序の維持装置にもなり得る。この二面性は見逃されがちだが、沖縄の戦後と今を考える上では重要だ。

戦後沖縄の教育分野は、軍民間の激しい対立の舞台と考えられてきた。実際〝日本人としての教育〟の実施を求める地元教員と、それに後ろ向きなアメリカの間には、解決し難い対立があった。教員は教室で子ども達を指導するだけではなく、校外では復帰運動を最前線で率いる存在であり、アメリカにとって最も警戒すべき相手だった。1967年に教員の政治活動を縛ることを目的とした法案が持ち上がった際には、これを阻止するために2万人のデモ隊を率いて議会を包囲し、廃案に追い込んだこともある。

地元の教員とは常に揉めていたアメリカも、教育自体に無関心だったわけではない。教員の待遇や生徒の学習環境が日本本土に劣る状況を問題視していた点では、教員と変わるところがなかった。その解決を日本への復帰に求める教員達と立場は違ったが、教育は優先的に予算を割くべき分野として重視された。『守礼の光』に学校教育に関する記事が多いのも関心の高さの反映だろう。

もちろんアメリカは、純粋な善意から沖縄の教育環境を気にかけたわけではない。沖縄統治の役に立つからこそ、教育を重視したのである。近代社会の教育制度は、個々人の才能と努力の成果を〝学歴〟のかたちで表現し、それに見合った社会的地位を配分するフィルタリング装置だ。それは才能と努力に応じて適材適所の人材配置を可能にする一方、高偏差値の学校へ進学して高報酬の職に就くことを〝成功〟と見做す価値観を普及させる。

そうした価値観は、ひとたび浸透すると大衆運動の基盤を掘り崩さずにはおかない。団結による抵抗は現状打開のための唯一の手段でなくなり、自己救済という別の手段と競合するようになるためだ。たとえアメリカ統治に不満があっても、面倒事から無縁でいられる高台を目指せば良い。不毛な〝抵抗〟よりも、着実な〝成功〟を追え。これが大衆運動に対する学歴社会の隠れたメッセージだった。

アメリカは教育が安定的な社会秩序の要だということをよく理解していた。沖縄史上初の高等教育機関として、琉球大学を設立したのもアメリカの意向だった。島の隅々まで〝進歩〟の光を届ける〝文化的発電機〟というのが琉大の公式的な位置づけだったが、それは個々の住民から見れば、努力次第でアクセス可能な堅実な〝エリートコース〟でもあった。

ところで、戦後沖縄の〝教育熱〟は今に至るまで一貫して高い。そのことを懸念する声は復帰直後からあったが、それは中学受験競争の激化のかたちで近年ますます過熱している。アメリカが教育環境の改善にまごついている内は、教育熱が復帰運動を駆動するエネルギーになった。しかし、それは特殊な時代の例外事例だったのかもしれない。

教育熱の裏側には、〝成功も失敗も自分次第〟という自己責任的発想が張り付いている。それが前面に出てきてはいないか。若年層の間で大衆運動への無力感が広がりつつ今こそ、慎重に見極める必要がある。

（古波蔵契）

芸能文化と娯楽

芸能の復興は早かった。 1945年12月、戦禍を生きのびた沖縄芝居役者を集めて石川で行われたクリスマス祝賀演芸大会が、戦後沖縄芸能の出発点だった。文化保護と住民慰撫を目的とした軍政府の先導により各収容所で公演や映画上映が行われ、さらに民間での巡回映画も実施されるようになり、戦争で疲弊した沖縄住民はこれらを熱烈に歓迎した。特に映画人気は凄まじく、密輸フィルムを露天上映するかたちで広がり、1950年代には映画館が乱立するようになった。映画全盛の1953年には、那覇市民一人当たり42回も映画を観ていたと言われる（日本の類似市の三倍強）。沖縄芝居を押しのける勢いの映画だったが、テレビの普及とともに徐々に人気を奪われていった。逆に沖縄芝居はテレビ劇のかたちで復活するなど、栄枯盛衰は激しかった。日本本土でも沖縄でも、最初に〝レクリエーション〟を持ち込んだのは占領軍だったが、復興・成長の過程で次第に社会に根を下ろし、人々のライフスタイルの移り変わりに応じた新しい娯楽施設も増えていった。60年代後半のボウリングブームや海浜リゾート人気についても紹介されている。

琉球放送テレビ出演中の、琉球古典劇を琉球語で演ずる島正太郎氏主宰の「放送劇団あやぐ」と、琉球近代劇を現代語で演ずる宇根伸三郎氏主宰の「麦笛グループ」（66号、1964.7）

沖映劇場の公演

那覇市沖映本館にて行われた「竜神の舞い」の一幕(88号、1966.5)。琉球演劇界初のスペクタクルドラマとして公演され、人気のあまり当初の予定を超えて120回の連続公演を記録したと記事は伝えている。制作を手がけたのは沖映の宮城嗣吉(写真)、原作は嘉陽安男と船越義彰、出演は大宜味小太郎率いる大伸座と伊良波劇団で、主役の按司虎寿金を演じたのは伊良波晃。

テレビ放送開始から3年が経った当時に人気を博していたテレビ劇「白鷺劇場」について、「テレビで人気の高い琉球時代劇」記事（42号、1962.7）という記事が残されている。出演者は各地を巡業する9つの劇団から選ばれたといい、『現在のわたしたちの日常生活とはあまり縁のない「シバイクトバ」を使って、むかしの琉球人の生活を、テレビ画面によみがえらせてくれます』とその人気ぶりを伝えている。一方、136号（1970.5）の「大衆のための娯楽」では、その沖縄芝居もカラー映画やテレビの普及で下火になりつつあると記述があり、時代の変化が見てとれる。

【上】乙姫劇団がコザ市の自由劇場で上演した「忍び御門」の一幕（136号、1970.5）
【下】白鷺劇場のワンシーン。「残月」の下稽古中の左から、山川千代治、島正太郎、金城幸盛（42号、1962.7）

琉球芸能

『守礼の光』では琉球の芸能文化を称揚する記事も少なくない。「琉球舞踊の第一人者として万人の認める真境名由康」(54号、1963.7)ほか真境名氏を取り上げた写真特集がたびたび組まれた。そのほか芸能団のアメリカ公演や、スミソニアン博物館で琉球美術巡回展覧会が開かれて伝統的衣装が展示された記事なども掲載されている。

【左】真境名由康(141号、1970.10)
【右列上】「真境名由康の芸術」記事(54号、1963.7)
【右列下】琉球の芸能を伝える記事より、新作舞踊「はりくみやらび」(55号、1963.8)

【左】1962年スミソニアン博物館で行われた琉球物産展覧会（70号、1964.11）
【右】「琉球文化を携えてアメリカを訪問した芸能団」記事（150号、1971.7）

琉球芸能の紹介記事より。
【左から】なるく踊り、雪払い（いずれも55号、1963.8）、八重瀬万才（34号、1961.11）、銘苅子（46号、1962.11）

いずれも「琉球の音楽家」連載より。
【上】野村流の門下生たち。中央のあごひげの老人は桑江良真。野村安趙の高弟としてその技を体得し、
すぐれた音楽教育者としても知られた（40号、1962.5）
【下左から】古典音楽を演奏する実演家（いずれも39号、1962.4）

コラム⑥

琉球文化の称揚と日本との切断

アメリカが沖縄の直接統治にこだわったのは、それによって他国政府の干渉を受けることなく、自由な軍事活動が可能だったからだ。核兵器だろうが毒ガスだろうが、何でも勝手に持ち込むことができ、基地で働く労働者の権利をどのようにも制限できる。この〝排他的施政権〟こそが、沖縄の軍事的価値の核心だった。

そのためアメリカは、日本政府が沖縄の問題に関心を持ったり、介入したりすることを嫌った。日本政府も、経済援助や人権擁護といった面で沖縄への配慮を示そうとしたが、米軍は少なくとも1960年代に入る頃まで、日本には金も口も出させない、というスタンスに固執していた。

日本の一部というニュアンスの〝沖縄〟よりも、琉球王国時代の記憶を呼び起こす〝琉球〟という呼称をアメリカが好んだことは、よく知られている。琉球列島米国民政府（USCAR）、琉球銀行、琉球大学等々、米軍が沖縄に設置した公的機関には、すべて琉球という呼称が使われている。『守礼の光』でも、伝統的な工芸・芸能を褒める記事や、「琉球昔話」や「琉球偉人伝」など日本編入以前の歴史を題材とした連載記事が目立つ。こうした誌面構成からも、沖縄と日本を切り離し、独立した歴史と文化を持つ民族としての〝琉球人〟意識を醸成しようとする意図が読み取れる。

それに対して〝沖縄〟という呼び名は、アメリカ統治への批判の意思を込めて使われた。1960年に発足した復帰運動の推進母体も、堂々と沖縄県祖国復帰協議会を名乗っていた。

当時、アメリカ統治は〝異民族支配〟とも呼ばれ、そ

の脱出口は〝同一民族国家〟である日本への復帰に求められた。日本本土と異なる沖縄独自の歴史や文化は、今でこそ観光資源として評価され、県民の誇りにさえなっているが、アメリカ統治下では日本的であることの方が大切だった。

〝祖国日本〟という言葉も、現状に対する住民の不満を吸い上げるように輝きを増していった。その姿は、遠く手の届かないところにあったことで余計に魅力的に見えたかもしれない。

潮目が変わるのは、1960年代後半に入ってからだ。勢いを増す復帰運動への対応を迫られた日米両政府は、基地機能を損なわずに済む沖縄返還方式について協議を重ね、1969年11月、遂に3年後の沖縄返還に合意する。しかし、その内容はアメリカ統治の終焉＝米軍基地の撤廃と思っていた人々を当惑させるものだった。日米合意後に『守礼の光』に登場したフィアリー民政官は、「復帰は沖縄の米軍駐留の終結を意味するものではありません」と端的に述べた。「復帰後は新しい法のワクのもとで米軍基地運営されるということです」（1970年1月号）。

復帰構想の具体化に伴って、美化されてきた祖国日本の幻想にも翳りが見え始めた。〝日本は帰るべき祖国なのか〟といった問いが、復帰運動の内部でも発せられるようになった。1972年5月15日に沖縄は日本に復帰し、アメリカ統治は終わった。しかし同時に、住民が抱いてきた祖国への幻想も打ち砕かれた。皮肉なことだが、追い求めてきた祖国に辿り着いた瞬間に、それを見失ってしまったのだ。

（古波藏契）

琉球人形

「優雅なおみやげ品　琉球人形」(78号、1965.7)「琉球の人形作り」(143号、1970.12)記事より。1965年の『守礼の光』では沖縄の土産店や米軍内PXで琉球人形が販売され、買い求めた観光客や米軍人らが海外の知人や親類に送っていることや、人形の大部分が首里手工芸組合と個人により製作されていることが紹介されている。本ページ掲載の人形は首里婦人手工芸同好会ならびに那覇の桂人形店によるもの。桂人形店では6人の女性人形師が月平均2000体の生産を行っていると記事は伝えている。

たおやかな古典舞踊姿や王妃（うみないび）、農家の夫婦や
子守の娘など、さまざまな琉球人形が作られた。

123

楽しいレクリエーション

Entertainment & Recreation

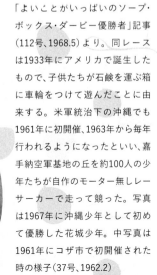

「よいことがいっぱいのソープ・ボックス・ダービー優勝者」記事（112号、1968.5）より。同レースは1933年にアメリカで誕生したもので、子供たちが石鹸を運ぶ箱に車輪をつけて遊んだことに由来する。米軍統治下の沖縄でも1961年に初開催、1963年から毎年行われるようになったといい、嘉手納空軍基地の丘を約100人の少年たちが自作のモーター無しレーサーカーで走って競った。写真は1967年に沖縄少年として初めて優勝した花城少年。中写真は1961年にコザ市で初開催された時の様子（37号、1962.2）

ボウリング人気

97号（1967.2）「沖縄のボーリング・ブーム」記事によると、沖縄最初の民間ボウリング場は1959年に宜野湾市普天間に開設、当初は米軍人を客に見込んでのことだったが、沖縄の人たちにも受けて客が引きも切らない状態になったという。1963年にコザ・ボーリングセンター、1965年には浦添市勢理客に沖縄最大の「那覇レーン」が、1965年9月には栄町ボーリングセンター、1966年には那覇市天久に那覇ボーリングセンター、浦添市港川に大丸ボーリングセンター、那覇空港の近くに国際ボーリングセンター、那覇市松下町に松下レーンズがそれぞれ誕生している。

【上】コザボーリングセンター（74
　号、1965.3）
【中左から】プレイする人々（97
　号、1967.2）、普天間ボーリングセ
　ンター（74号、1965.3）、大丸ボー
　リングセンターの大嶺社長（97
　号、1967.2）
【下左から】那覇ボーリングセン
　ター（119号、1968.12）

観光客の増加と
大型リゾート施設

観光客が増加する中、127号(1969.8)では「観光ブームを誘うレクリエーション・センター」として恩納村に開業した「大京ランド」が紹介されている。いわゆる万座ビーチである。1957年当時沖縄を訪れる観光客は1万6000人ほどだったのが1968年には約14万7000人となり、輸入超過に悩む沖縄経済を救ってきたこと、さらなる観光客誘致を目指して開発に至ったという内容である。記事には海水浴場、レストラン、飛び込み台を有する海水プール、ヨットやモーターボート、近隣にゴルフ場を備えた大型観光施設とあり、栃木県の会社による開発だったことから「沖縄の一部の人々は、大京観光の投資を"外資"だときめつけて反対するかもしれませんが、もしもこの投資が観光産業の堅実な発展を招来するならば、この投資は沖縄の経済に大きな利益をもたらす可能性を持つものとしてすべての人が納得してくれる」と同社常務の言葉が紹介されている。復帰直前の1972年4月に別会社に経営が移っている。

写真3枚とも大京ランド（127号、1969.8）

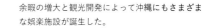

余暇の増大と観光開発によって沖縄にもさまざまな娯楽施設が誕生した。

【上左から】沖縄カントリークラブ(84号、1966.1)、
西原温泉(136号、1970.5)
【中】宮古のゴルフ場(113号、1968.6)
【下2枚とも】名護の海中展望塔(143号、1970.12)

琉球切手

アメリカ軍統治下の沖縄で使用された切手のことで、沖縄切手ともよばれる。復帰後の1972年6月3日に使用が禁止されるまで使用されており、さらに沖縄の風物文化を描いた珍しさもあって内外の愛好家がこぞってコレクションしたという。『守礼の光』でも、「琉球ではじめて郵便切手が発行されたのは、一九四八年で、米国施政初期のことです」「琉球で新しい切手が出るのを、熱心に待っている人が世界の三九か国に約一三、〇〇〇人います」と記載されている（43号、1962.8)。

また図案を手がけたのは安谷屋正義氏、伊佐川新氏、山里永吉氏、玉那覇正吉氏、大城皓也氏、大嶺政寛氏ら地元の画家で、『守礼の光』73号（1965.2)でも琉球切手が地元画家の手によってデザインされたことが強調されている。

復興と進歩

戦後初期の米軍は自身が使用するインフラの整備を優先したため、住民は米軍払下げの発電機や簡易水道に甘んじるしかなかった。とはいえ沖縄の長期占領の方針が固まると、米軍は米軍なりに住民の暮らしの向上にも気を配るようになった。電力・上下水道・交通網などのインフラ整備は『守礼の光』の頻出トピックだ。新聞・ラジオ・テレビなどのメディアや、医療・福祉・公衆衛生の改善についても良く取り上げている。それらは戦前の沖縄にはなかった現象で、かつ万人が納得できる明確な〝進歩〟だったため、アメリカ統治の恩恵をアピールするにはうってつけの題材だった。

女性を取り上げた記事も目立つ。自国社会での女性の活躍を紹介する一方、沖縄の職場で働く女性に光を当てることで米琉間での相互理解の演出がされている。

また、日本復帰直前には、沖縄初の大型ダムとなる福地ダムの建設プロジェクトが始動してた。アメリカが着手し、復帰を跨いで日本が完成させた福地ダムは、世界でも稀に見る〝ダム工事二国間継承〟の事例として注目される。

繁華な国際通り（22号、1960.11）

空の便と観光

琉球政府は 1950 年代より観光に力を入れ始める。那覇空港の民間利用開始、ノースウエスト機など大型ジェット機乗り入れにより、慰霊を目的とした観光から外国製品を安く買う旅行へと変化、大型宿泊施設も増加した。空港整備は離島でも進められて住民の利便性も向上していった。

【左ページ】1960年から那覇に就航したノースウエスト航空（63号、1964.4）。那覇空港は1954年に民間利用が開始された

【右ページ左列】新設された北大東島の滑走路（151号、1971.8）、石垣空港（107号、1967.12）、伊波城観光モーテル（121号、1969.2）、山田温泉（121号、1969.2）
【右ページ右列】那覇空港ビル（63号、1964.4）、琉球東急ホテル（85号、1966.2）

放送と新聞

「電波による報道と娯楽」記事（66号、1964.7）では、当時主流のラジオ放送と、徐々に盛んになりつつあるテレビ放送について紹介、記事中では、有線ラジオを使用している地域が151で聴取者は9万4000以上、テレビセットが多数売れるようになって現在台数5万台と記されている。

また同じ号の「自由の旗手　琉球の新聞」記事では沖縄タイムスと琉球新報幹部のインタビューを中心に、さらに宮古時事新報、宮古毎日新聞、宮古教育時報、南沖縄、八重山毎日新聞、八重山朝日新聞、八重山タイムスの名前と部数が紹介されている。報道の自由を高等弁務官が保障したことが沖縄の新聞の発展に拍車をかけたと自賛しており、「日米両国の新聞のそれぞれの長所を自分の物としながらも、日本の新聞でもなければアメリカの新聞でもない独自の新聞として飛躍的進歩を遂げた」との記述も残されている。

【左ページ上左列】琉球放送（26号、1961.3）琉球新報（66号、1964.7）、ラジオ沖縄（66号、1964.7）【中列】OHK宮古放送局（108号、1968.1）【右列】沖縄テレビ（66号、1964.7）、沖縄タイムス（66号、1964.7）、国頭村奥間のVOA（ボイス・オブ・アメリカ＝米国国営放送）（49号、1963.2）

【右ページ上】沖縄テレビ（66 号、1964.7）【下左から】極東放送（90 号、1966.7）、NHK のど自慢沖縄大会での優勝者（127号、1969.8）

電力需要の増加と発電所

戦後初期の沖縄では、ランプや払い下げ発電機による小規模発電で電灯需要を賄っており、米軍も基地内需要はディーゼル発電機で対応していた。朝鮮戦争による特需と沖縄の軍事基地化の中で、電力の拡大は重要事項であると考えた米国民政府は「全琉球列島電化系統計画」をスタートさせる。送変電設備の整備が行われ、1953年には浦添に戦後初の本格的な発電所、牧港発電所が稼働を開始した。電力はおもに米軍が使用して余剰分を民間に販売することになり、沖縄配電株式会社ほか計6つの配電会社が誕生、のちに電力系統の維持運営を行う琉球電力公社が設立され、1965年には金武発電所も完成している。生活の電化はアメリカ統治のもたらした進歩の象徴として、『守礼の光』でも度々取り上げられた。

【左ページ上から】工費2060万ドル、発電機2基を備えた出力17万キロワットの牧港発電所（沖縄返還特別号、1972.5）、同発電所の配電盤（32号、1961.9）

【上左】全村電化を記念して具志頭村で行われた式典の様子。記事によると資金は高等弁務官資金によって調達されており、「高等弁務官は、自分たちで最善の努力をしようという市町村なら、喜んで援助をあたえたいと心から望んでいます」と伝えている（27号、1961.4）
【上右】民間配電会社、沖縄配電株式会社（9号、1959.9）。
【下】1965年7月に全力運転に入った金武発電所（86号、1966.3）

消防と火災

「琉球消防のあゆみ」記事（80号、1965.9）によると、沖縄の消防署は地域の消防団からはじまり、布令によって漸次組織化がすすめられた。ガリオア資金によって消防車や設備が整えられたが次第に老朽化、用意もままならずに米軍払い下げのジープにポンプを取り付け代用したという。

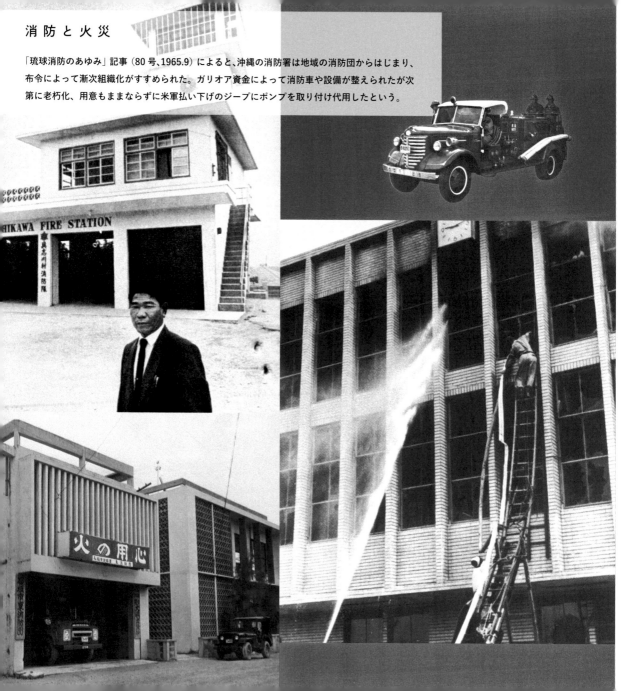

【左ページ左列】具志川村に新設された消防署（31号、1961.8）、石垣市東消防団大浜出張所（80号、1965.9）
【左ページ右列】那覇消防署の消防車（59号、1963.12）、琉大の図書館で発生した火事と消防（80号、1965.9）
【右ページ】タイベース第一消防署（157号、1972.2）

電話

戦争により壊滅した沖縄の電信業務は、戦後、行政機関や郵便局を中心に復興していった。1950年代には電話局が飛躍的に増え、それまでの手動交換から自動交換へと切り替わるなどして利用者も拡大していく。『守礼の光』52号（1963.5）によると、1962年7月31日現在、手動式電話局が54局、自動式電話局が6局、手動式電話局の加入者総数は3179口、自動式電話局の加入数は9237口となっている。1963年には那覇市の加入電話が1万台を突破している。1959年5月1日より琉球電信電話公社が有線無線ともにすべての電話業務を取り扱うことになり、復帰後に日本電電公社に引き継がれるまで業務を行った。1971年には10円玉専用の公衆電話が日本電電公社から琉球電電公社に送られ、青、赤、ピンクの公衆電話機8364台が順次設置、復帰後も引き続き使用された。

【左から】那覇電話局の自動交換機（52 号、1963.5）、電話交換手（沖縄返還特別号、1960.8）

Keystone of the Pacific　　　　Showcase of Democracy
〝太平洋の要石〟と〝民主主義の陳列棚〟

アメリカ統治下の沖縄には二つの異名があった。一つ
は〝太平洋の要石〟、もう一つは〝民主主義の陳列棚〟
Keystone of the Pacific　　　　　　　　Showcase of Democracy
である。在沖米軍基地の存在を正当化する上で、民
主的な社会の建設という大義は不可欠だった。『守礼
の光』も、いかにアメリカが民主主義の伝統を重ん
じ、それを沖縄に根付かせようと努力しているかを
誇らしげに紹介している。アメリカは性や障害にも
とづく差別を廃絶し、貧困を撲滅し、個人の自由を尊
重する社会を実現し、それを共産主義者の侵略から
守りたいだけなのだ、と。

だが、太平洋の要石／民主主義の陳列棚という二つ
の呼び名の間には解決し難い矛盾があった。その両
立が難しい場合には、アメリカは常に軍事を優先し
た。その点で米国民政府（USCAR）のミッションを定
めた米極東軍指令は象徴的だ。沖縄に「言論、集会、
請願、宗教、出版の自由及び正当な法律上の手続を履
まない不法の捜索、逮捕及び生命、自由、財産の剥奪
に対する保証を含む民主主義国における基本的自由
を保証する」と謳いながらも、「基本的権利」の範囲に
ついては「軍事占領に支障を来さない限り」という決
定的な但し書きを付けている。

沖縄住民の圧倒的多数が復帰運動を支持したのは、
平和憲法を掲げる〝祖国日本〟に復帰することでアメ
リカ統治の矛盾も解決されると期待したからだ。が、
そうはならなかった。コラム⑥でも書いたように、日
米両政府が沖縄返還に合意したのは、住民の憤懣を
ある程度緩和することが、結果的に基地機能の保全
につながると考えたからだ。

その意味で、復帰後も沖縄の扱いが他府県と違った
のも当然だった。冷戦が始まった頃から、アメリカ
は本土と沖縄に非対称な役割を与えていた。アメリ
カにとって日本は戦略上のパートナーであると同時
に、西側＝資本主義陣営に与することで得られる繁
栄を世界にアピールするための大事な広告塔だっ
た。だからこそ早めに主権国家としての独立を認め、
安全保障を肩代わりし、復興を後押ししたのである。
他方、沖縄は日本の主権回復と引き換えにアメリカ
の施政権下に引き渡され、危険な兵器や米兵絡みの
厄介なトラブルの隔離場所として活用された。まが
りなりにも主権国家となった日本の国土に、外国の
軍隊が悠々と基地を構える状況は好ましくなかった
からだ。日本の復興と沖縄の占領は、表と裏の関係
にあった。大きく見れば、本土こそが本当の意味で
の民主主義の陳列棚で、沖縄はそれを維持するため
の太平洋の要石だった。

復帰は、そのような関係を変えるものではなかっ
た。それはアメリカの手に負えなくなった沖縄統治
のコストを日本が肩代わりすることでしかなかっ
た。復帰後、日本政府はアメリカが中途半端にしか
整備できなかった社会制度とインフラを本土並みに
引き上げることで民主主義の陳列棚の仕上げ作業を
引き継いだ。同時に、核兵器の持ち込みを認めた密
約、米軍絡みの事件事故の度に露呈する治外法権状
態、なにより広々とした米軍基地の存在を黙認して
きた。かくして民主主義国であるはずの日本に復帰
した今も、沖縄は太平洋の要石であり続けている。

（古波蔵契）

戦前の沖縄と「鉄の台風」

宣撫雑誌という性格上『守礼の光』には沖縄戦の記述は少ないが、米軍が沖縄戦をどう描こうとしていたかは1972年5月刊行の沖縄返還特別号から見てとれる。いわく、激烈な攻防戦で数知れぬビルや家屋が両軍の砲火で壊滅したが校舎などは長い戦闘期間中を無傷で通したものがかなりあった、米軍は住民に食糧や医療品を分け与えるなど救いの手を差し伸べ、「戦争にはつきものの不正や野蛮な行為もなくはなかったが、こうしたものは親切や寛大さのかげに遠くかすんでしまった」「恐ろしい鉄の台風の悲劇が、将来、かつて琉球住民の経験したこともない平和と成長と繁栄との空前の時代につながることになろうと想像したものは1人としていなかったであろう」と書いている。沖縄戦で破壊される前の那覇市の様子も市制記念日などに掲載されるにとどまっている。

【上右から】1930年に那覇の東町にできた山形屋百貨店（28号、1961.5）、1919年上之蔵町に完成した那覇市公会堂。1944年10月10日の空襲で灰燼に帰した（150号、1971.7）
【下左から】戦前の那覇港、黒砂糖のタルが荷馬車でたくさん運ばれている（150号、1971.7）、戦前の那覇市のメインストリート（150号、1971.7）

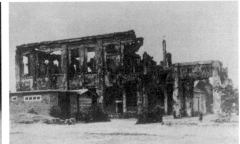

【左列2枚とも】「1945年4月から6月にかけての沖縄戦で両軍の砲火のため市町村の被害は大きかったが、その後の復興再建は足早で続けられた」「老女に食糧を分け与えるアメリカの一兵士」と写真説明がついている（沖縄返還特別号、1972.5）
【右列2枚とも】沖縄戦で破壊された県立一中（106号、1967.5、51号、1963.4）

医療・保健と公衆衛生

戦後初期の沖縄では疾病罹患率が高かったことから、結核やマラリア、フィラリアなどの対策が医療の中心に据えられた。1957年から八重山を中心にマラリア対策が、1965年から宮古を中心にフィラリア対策が行われた。1965年には琉球政府と協力してトラコーマ撲滅活動を実施。『守礼の光』では米軍が実施した離島での健康診断や、小児まひ、コレラなどのワクチン接種、水質検査、DDT散布での蚊の駆除、ハンセン病制圧や琉球政府によるハブ血清配布まで多数取り上げられ、米軍が医療・保健、公衆衛生を重視したことがうかがえる。保健所は1951年から各地につくられ、米兵向け歓楽街のあるコザでは性病対策、北部では寄生虫対策、南部では結核対策と、地域ごとに異なった課題に対応していった。

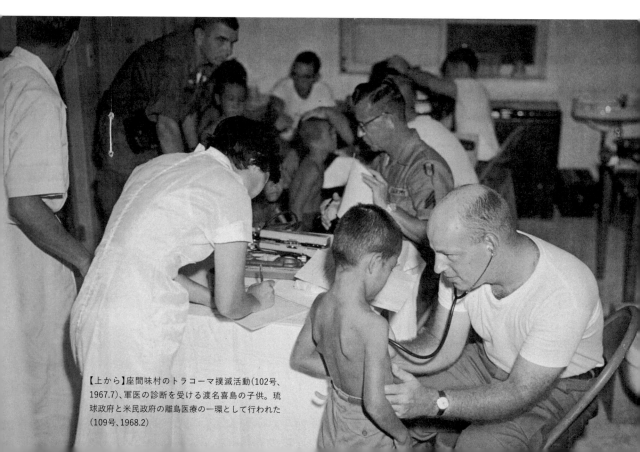

【上から】座間味村のトラコーマ撲滅活動（102号、1967.7）、軍医の診断を受ける渡名喜島の子供。琉球政府と米民政府の離島医療の一環として行われた（109号、1968.2）

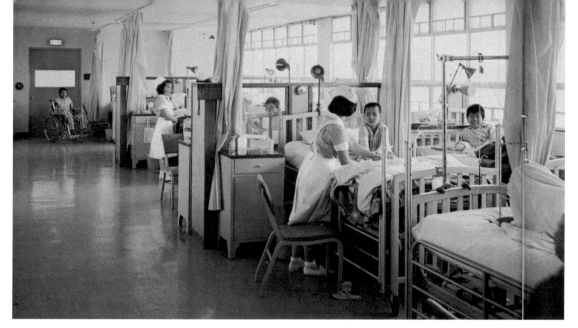

【上】沖縄中部病院の子供病棟。医師不足の解消のため地元でもインターンが実施できるよう、1967年に中部病院で沖縄初のインターン制度がスタートした。琉球大学医学部は1981年に誕生している（101号、1967.6）
【下左から】日本脳炎撲滅のための殺虫剤散布器。蚊の駆除に使われた（50号、1963.3）、1963年につくられた石川保健所（60号、1964.1）

結核予防シール

「琉球の結核予防対策」記事（100号、1967.5）より。当時政府に登録されている沖縄の結核患者は2万人に上り死亡率も高いながら医療に乏しく、その対策のために琉球結核予防会が設立されたという経緯が記されている。1952年、米国結核予防シール（左ページ下段左、クリスマスキャンドルの図柄）に「琉球」の文字を入れて誕生したのが琉球の結核予防シールで、一般へ販売することによって会の運営資金を造成していた。記事は沖縄の画家が描いた15種が発行されていることを伝え、職域団体や各家庭でのさらなる購入を呼びかけるものであった。執筆者は同会専務理事の川平朝申氏。

シールのデザインを手がけた多くが「ニシムイ画家」の面々であった。
1953年 花笠・1954年 獅子・1955年 チンチン馬・1956年 守礼門・1958年 爬龍船の図・1960年 山原船＝安谷屋正義氏、1957年 子守童＝山元恵一氏、1959年 旗頭の図＝玉那覇正吉氏、1961年 蘇鉄＝大嶺政寛氏、1962年 ベスケラー博士と沖縄少女の像＝大城皓也氏、1963年 珊瑚・1964年 の龍樋・1966年 首里城の梵鐘＝川平朝申氏のデザイン。

躍進する女性たち

米陸軍から誕生した沖縄初の
女性建築士（100号、1967.5）

米陸軍施設の女性警備員（123号、1969.4）

1918年に沖縄初の女性医師となった千原繁子氏
（154号、1971.11）

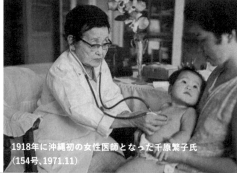

永年勤続表彰を受けるフォート・バクナー・ランドリー・ドライ
クリーニング部の女性部員たち（126号、1969.7）

アメリカは戦後日本の民主化改革を5つ掲げているが、そのひとつに「婦人の解放」がある。『守礼の光』でも、戦前に沖縄初の女性医師となった千原繁子氏や、久場崎アメリカン・シニア・ハイスクールを卒業した沖縄最年少の女性パイロットへインタビューを行なっている。出自や属性に関係なく、万人にチャンスを与えることを建前としていたアメリカにとって、勤勉に努力して自ら道を切り拓いた女性像は恰好のプロパガンダの題材となった。

また政治面では、日本本土に先駆けて女性の参政権が認められた。戦後沖縄で初めて女性の参政権が行使されたのは、1945年9月20日に実施された市議・市長選挙でのこと。日本では遅れること7カ月後の1946年4月の総選挙で初めて認められ、女性の国会議員も39人誕生している。沖縄では1958年の立法院選挙で宮里初子氏が初の女性議員として選出された。

沖縄女性パイロット（142号、1970.11）

琉球銀行の女性行員（115号、1968.8）

1965年11月の立法院選挙で投票する女性（85号、1966.2）

米陸軍病院に勤める細胞学技術者（111号表紙、1968.4）

149

家政学と生活改善

米軍は農業の普及活動と同じように家庭からも琉米親善を図った。琉球大学では1952年に家政学科が誕生。家政学は科学的知識に基づいた近代的で合理的な生活に関する学問で、その成果をへき地の農家の生活改善に活かすところまでが米軍の目標だった。

『守礼の光』52号（1963.5）の「琉大生のみごとな服装作品」記事によると、当時140名の学生が家政科目、ドレスメーキングや一般教養を学んでいたという。また琉球大学家政学科の翁長君枝教授は『守礼の光』連載で、当時まだ珍しかった家電の扱い方や食事における栄養バランス、クレンザーや石けん水を使ったコンロ掃除の仕方、受け皿に水を張って焦げつきを防ぐ方法など、科学的知識にもとづいた家事を推奨している。

【上】「台所の熱器具はいつもきれいに」記事より（67号、1964.8）
【下】「冷蔵庫の使い方」記事より（66号、1964.7）

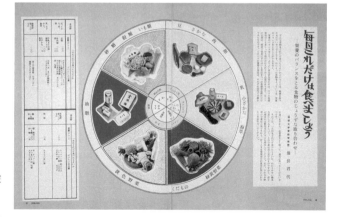

【上囲み】琉大家政学科の学生らがドレスメーキングで作った服装作品を自ら着用している（52号、1963.5）

【下左から】パインを使った料理を紹介（3枚とも54号、1963.7）、「毎日これだけは食べましょう」と6つの基礎食品群と一日の摂取量を示している（73号、1965.2）

上下水道の整備

戦前の沖縄ではほとんどの家庭が雨水や井泉に水を頼っており、水道設備は那覇市等の一部で整備されていたが沖縄戦によって破壊された。米軍政府は1949年より基地内への水補給を目的に貯水池やタンク、最先端の浄水場等や配水機構を整備していたが、これらは米軍施設のみに接続されていた。1951年、那覇市で戦後初の簡易水道による給水が再開、続いて旧真和志市でも開始されたのが民間水道事業の始まりだが、1951年の干ばつの影響もあって安定供給には程遠かった。沖縄民政府は助成金を出して水道の敷設を奨励し、1954年米軍に接収されていた泊浄水場が返還されたこともあって徐々に水道は普及していく。しかし1958年、沖縄をさらなる干ばつが襲い、広域的な水道施設の建設が急務となった。当時の水道普及率は、那覇市でも4割強程度でしかなかったが、琉球水道公社の設立（1958年）後には徐々に上昇し、復帰直前にようやく7割を超えた。

【上から】最初に浄水場施設として建設されたタイベース浄水場。嘉手納村の比謝川を水源とした沖縄最大規模の浄水場（67号、1964.8）
兼城村座波の簡易水道（27号、1961.4）

下水道事業も同様に戦前より那覇市で着手されていたが沖縄戦により施設
壊滅。戦後も米軍基地内で優先的に整備され、民間では河川等への排水放
流が続いていた。1960年ごろ、久茂地川、ガーブ川、安里川および比謝川
などで水質汚濁が社会問題化し、これを受けて1961年にはコザ市が、1963
年には那覇市が下水道事業計画を策定、1964年、米国民政府の資金援助に
より沖縄における戦後初の下水道事業がコザ市で着工された。1970年に
なると那覇市が若狭町と辻町で下水道工事を実施している。浄水場の整備
も同時に行われた。

【上から】下水処理場(沖縄返還特別号、1972.5)、コザ市桃原の下水管敷設工事(143号、1970.12)

鉄筋コンクリートのトンネルで作業するアジア・アメリカン建設会社の作業
員。現在福地川の水は工事中のダムをう回しこのトンネルを通って流れている。

福地ダムの工事現場を見おろす山腹
に造られた分水トンネル工事用階段。

沖縄北部東村の福地ダム予定地。この谷が埋め
られ、高さ約八〇メートルのダムができあがる。

【左ページ】福地ダムの建設工事現場（140号、1970.9）
【右ページ】同（沖縄返還特別号、1972.5）

復帰前最大の公共事業、福地ダム建設

戦後の配水設備の不備や水源不足の沖縄では水不足が慢性的に発生していた。戦後沖縄のダム建設は日本本土に比べ大きく立ち遅れていた。本土では、水資源と電源開発を目標とした数々の大型ダムプロジェクトが戦後の復興と成長の象徴として認知されていた。最初の巨大ダムとして佐久間ダムが完成したのは1956年。他方の沖縄では、ダムを柱とした国土総合開発は棚上げにされた。初の大型ダムとして福地ダム建設が始まるのは、日本復帰が見えてきた1960年代末のことだった。『守礼の光』140号(1970.9)によると工費は1200万ドルの当時最大の公共事業であった。第一期工事がアジア・アメリカン建設会社によって1969年7月に開始され、続く第二期工事は1970年5月から大城組が手がけた。予定では1972年に完成予定だったが天候などの影響で工期が伸び復帰をまたぐことになったため、工事は日本政府に継承、1974年に完成をみることとなった。

本書をよく知るためのブックガイド

アメリカの視点から沖縄を逆照射した初の試み。
宮城悦二郎『占領者の眼——アメリカ人は〈沖縄〉をどう見たか』
那覇出版社、1982年

沖縄戦後思想史研究の古典的名著。『守礼の光』の姉妹誌『今日の琉球』を扱った「統治者の福音」を収録。
鹿野政直『戦後沖縄の思想像』　　　　朝日新聞社、1987年

沖縄の近代を問い続けた歴史家・屋嘉比収の遺作。『守礼の光』を分析対象とした「米軍統治下における沖縄の高度経済成長」を収録。
屋嘉比収『沖縄戦、米軍占領史を学びなおす——記憶をいかに継承するか』　　　　　　世織書房、2009年

若手を中心とした『占領者の眼』の複眼的継承。
田仲康博 編『占領者のまなざし——沖縄/日本/米国の戦後』
せりか書房、2013年

アメリカの対沖プロパガンダ活動の全貌を描く。
吉本秀子『米国の沖縄占領と情報政策——軍事主義の矛盾とカモフラージュ』　　　　　春風社、2015年

沖縄に伴走し続けた歴史家・新崎盛暉の軌跡。同時代人が見た沖縄戦後史。
新崎盛暉『私の沖縄現代史——米軍支配時代を日本で生きて』
（岩波現代文庫）岩波書店、2017年

希代の理論家が児童向けにまとめた〝幻の名著〟の復刊。
国場幸太郎(新川明・鹿野政直 編)『沖縄の歩み』
（岩波現代文庫）岩波書店、2019年

お仕着せの復興と琉米親善を民衆目線でとらえ返す。
謝花直美『戦後沖縄と復興の「異音」——米軍占領下復興を求めた人々の生存と希望』　　　　有志舎、2021年

若手研究者が独自の視点で紡ぐ〝まったく新しい入門書〟。近代に遡って沖縄の歴史を学びたい時にオススメ。
前田勇樹・古波藏契・秋山道宏 編著
『つながる沖縄近現代史——沖縄のいまを考えるための十五章と二十のコラム』　　　　ボーダーインク、2021年

米留経験者への聞き取りを通じて、沖縄から見たアメリカの実像を描く。
山里絹子『「米留組」と沖縄　米軍統治下のアメリカ留学』
（集英社新書）集英社、2022年

沖縄統治像のトータルな刷新を図る〝次世代のための精神史〟。
古波藏契『ポスト島ぐるみの沖縄戦後史』　　　有志舎、2023年

あとがき

占領期の米軍が発行・配布した『守礼の光』。1959年1月から1972年5月まで通算160号と、付録の特集号を加えたそれらを、写真を中心に再構成して解説を付したのが本書である。

プロパガンダ誌という性質上、誇張や脚色は当然あることに留意は必要だが、『守礼の光』は復興期の沖縄をあらゆる側面から写真にとどめている点においても資料的価値を認めることができる。ところが編集作業を行なっていくうちに、プロパガンダにおける写真の「強さ」を（よくも悪くもだが）痛感することになった。よって本書では当初の想定よりも説明や解説を手厚くし、占領者が写真に込めた意図がきちんと多重露光され浮き上がるような編集を心がけた。

米軍統治下にあった27年、そしてその後も、沖縄の戦後史は複雑で割り切れないことが数多く存在する。最終号刊行から50年以上が過ぎた今になって『守礼の光』を引っ張り出して再構成したのだが、復帰前を知らない世代が多数派になった現在、「米軍による沖縄統治とはどういうものだったのか」という疑問にわずかでも答えうるならば、本書の出版には意義があるだろう。

またもうひとつ、占領者が自身の都合で描こうとした琉球の将来像が、50年以上を経て（つまり、今である）どうなったかという「答え合わせ」の意義も見いだせるかもしれない。それが沖縄戦後史の複雑さ、割り切れなさへの理解につながればと思う。

今回は『守礼の光』のみをピックアップするにとどまったが、姉妹誌『今日の琉球』も、読者の求めに恵まれれば、なんらかの形で手がけたいと考えている。

最後になったが、多忙な中にもかかわらず広い知見から的確なアドバイスと深みのある解説・ブックガイドを執筆くださった監修者の古波藏契氏、校正やその他の面でも多大なご協力を賜った篠田恵氏、資料提供にご尽力いただいた沖縄県公文書館の皆さまに心から感謝申し上げたい。

ボーダーインク編集部

『守礼の光』裏表紙（バックナンバーの一部を抜粋）

監修者略歴

古波藏 契（こはぐら　けい）

1990年沖縄生まれ。国際基督教大学卒業、同志社大学大学院博士後期課程修了。
博士（現代アジア研究）。
日本学術振興会特別研究員（DC・PD）、沖縄国際大学、沖縄県立看護大学、名桜大学等非常勤講師を経て、現在、明治学院大学社会学部付属研究所研究員。

【主要業績】
『ポスト島ぐるみの沖縄戦後史』（有志舎、2023年）
『大学で学ぶ沖縄史』（分担執筆、吉川弘文館、2023年）
『沖縄県史 各論編 第7巻 現代』（分担執筆、沖縄県、2022年）
『総力戦・帝国崩壊・占領　戦争と社会　第3巻』（共著、岩波書店、2022年）
『つながる沖縄近現代史』（共編著、ボーダーインク、2021年）　等

本書収録の写真は沖縄県公文書館所蔵の『守礼の光』を出典としています。
個人の情報に関わる部分などで画像を補正したものもあります。

SHUREI NO HIKARI

「守礼の光」が見た琉球

― 写真が語る ―
米軍統治下のプロパガンダ誌は
沖縄をどう描こうとしたか

2024年2月26日　初版第一刷発行

編　　　ボーダーインク編集部
監修　　古波藏契

発行者　池宮紀子
発行所　（有）ボーダーインク
　　　　〒902-0076
　　　　沖縄県那覇市与儀226-3
　　　　tel.098（835）2777
　　　　fax.098（835）2840
　　　　www:borderink.com/

印刷所　東洋企画印刷

ISBN978-4-89982-458-9